100
CORAÇÕES

CB067042

UMA HISTÓRIA SOBRE CONFIAR,
PERDOAR, AMAR E LUTAR POR UM IDEAL

100 CORAÇÕES

TRADUÇÃO

Neli Faccin
Cecilia Maria Mezzomo
Ilza Ravazzoli

PAOLO DAMOSSO

INSTITUTO DAS
APÓSTOLAS DO
SAGRADO CORAÇÃO
DE JESUS

Edições Loyola

Título original:
Cento Cuori
© 2023 Edizioni Leggimi
Via M. Bussaia, 16
12010 Vignolo (CN) – Italy
Tel. +39 0171 46519
edizionileggimi@gmail.com
ISBN 979-12-80888-05-1

Dados Internacionais de Catalogação na Publicação (CIP)
(Câmara Brasileira do Livro, SP, Brasil)

Damosso, Paolo
  Cem corações / Paolo Damosso ; tradução Neli Faccin. -- São Paulo : Edições Loyola : ASCJ Província Brasileira SP, 2023. -- (Testemunhas de Cristo)

  Título original: Cento cuori
  ISBN 978-65-5504-310-5

  1. Instituto das Apóstolas do Sagrado Coração de Jesus - Itália - História 2. Merloni, Clélia, madre, 1861-1930 I. Título. II. Série.

23-176139   CDD-922.2

Índices para catálogo sistemático:
1. Madre Clélia Merloni : Biografia   922.2

Cibele Maria Dias - Bibliotecária - CRB-8/9427

Preparação: Carolina Rubira
Capa: Ronaldo Hideo Inoue
  Composição a partir das imagens de © Create image (frontal, gerada com IA) e © eugen (contracapa), sobre fundo realizado a partir da fusão das imagens de © Natalya (gerada com IA) e © Orkidia. © Adobe Stock.
Diagramação: Desígnios Editoriais
Revisão: Valéria Biondo

Instituto das Apóstolas do Sagrado Coração de Jesus – ASCJ
Rua Tucuna nº 835 – Perdizes,
05021-010 São Paulo, SP
www.apostolas-pr.org.br

Edições Loyola Jesuítas
Rua 1822 nº 341 – Ipiranga
04216-000 São Paulo, SP
T 55 11 3385 8500/8501, 2063 4275
editorial@loyola.com.br
vendas@loyola.com.br
www.loyola.com.br

Todos os direitos reservados. Nenhuma parte desta obra pode ser reproduzida ou transmitida por qualquer forma e/ou quaisquer meios (eletrônico ou mecânico, incluindo fotocópia e gravação) ou arquivada em qualquer sistema ou banco de dados sem permissão escrita da Editora.

ISBN 978-65-5504-310-5

© EDIÇÕES LOYOLA, São Paulo, Brasil, 2023
106448

Sumário

	Prefácio	7
	Introdução	13
CAPÍTULO 1	Finalmente	17
CAPÍTULO 2	Um sorriso que fala	19
CAPÍTULO 3	O veloz carrossel	25
CAPÍTULO 4	Sempre Filha	31
CAPÍTULO 5	O último suspiro	35
CAPÍTULO 6	O cansaço de um padre	41
CAPÍTULO 7	Carta a Maria Bambina	47
CAPÍTULO 8	Amarga surpresa	53
CAPÍTULO 9	Noite profunda	57
CAPÍTULO 10	Como é possível?	63
CAPÍTULO 11	O exercício do perdão	69
CAPÍTULO 12	Da teoria à prática	73
CAPÍTULO 13	Uma coleta milagrosa?	79
CAPÍTULO 14	O encontro	83
CAPÍTULO 15	Compreender-se	87
CAPÍTULO 16	Acalmar as águas	91
CAPÍTULO 17	O selo	95

CAPÍTULO 18	Tudo novo!...	101
CAPÍTULO 19	Partidas e chegadas..	105
CAPÍTULO 20	Outras nuvens...	111
CAPÍTULO 21	A confissão..	117
CAPÍTULO 22	A paciência de Scalabrini.............................	123
CAPÍTULO 23	O café das decisões.......................................	129
CAPÍTULO 24	O fato...	135
CAPÍTULO 25	Os biscoitos feitos em casa...........................	141
CAPÍTULO 26	A vida e a morte...	147
CAPÍTULO 27	A resiliência de Madre Clélia......................	153
CAPÍTULO 28	A mão-aberta..	157
CAPÍTULO 29	A irmã da Madre..	163
CAPÍTULO 30	A Decisão...	167
CAPÍTULO 31	Partir...	173
CAPÍTULO 32	A carícia...	179
CAPÍTULO 33	As respostas que queres................................	185
CAPÍTULO 34	As crianças de Roccagiovine.......................	189
CAPÍTULO 35	De volta para casa...	195
CAPÍTULO 36	Finalmente tudo se esclarece!.....................	201
CRONOLOGIA	Beata Clélia Merloni (1861-1930)...............	209

Prefácio

Na noite de domingo, 8 de janeiro de 2023, Festa do Batismo do Senhor, recolhi-me para escrever algumas reflexões sobre o texto intitulado *Cem Corações*. Seja um romance ou o resumo de um filme, pouco importa, o fato é que atraiu fortemente a minha atenção no que se refere à vida cheia de sentido e de significado de uma mulher que fez dela uma missão de perdão. O autor, Paolo Damosso, com boa razão, expressa-se assim a respeito dos acontecimentos dessa vida: "Sessenta e oito anos vividos num carrossel que está sempre girando, sem nunca parar e sem deixá-la descansar. Tantas vidas em uma só, difícil explicar". A da protagonista é a simples existência de uma mulher que vivenciou dinâmicas humanas tão complexas que, para serem contadas detalhadamente, seria necessária uma coleção de livros, mas mesmo eles seriam de pouca utilidade se não disséssemos o que realmente foi: uma vida doada por um ideal maior que a própria vida, o Amor!

Neste dia, em que a Igreja nos convida a rezar a passagem do Evangelho que narra os fatos que caracterizaram o Batismo do Senhor, somos convidados a meditar a manifestação do amor do Pai para com o Filho: "Este é o meu Filho amado, em quem me comprazo" (Mt 3,17). No Filho amado reconhecemos cada um de nós, que pelas águas batismais entramos neste grande Mistério da filiação divina e somos constituídos "filhos no Filho" (cf.

Rm 8,14-17), para que o amor de Deus por todos os homens venha a encontrar plena concretude.

Só o amor de Deus encontra amplo espaço no coração dessa mulher que, sentindo-se amada e perdoada pelo Pai, soube viver radicalmente o seu batismo, deixando como legado verdadeiro e autêntico um testemunho válido de quem viveu plenamente as palavras do Pai Nosso: "...perdoa-nos as nossas dívidas, assim como perdoamos aos nossos devedores".

Essa mulher é Clélia Merloni, uma romanhola, forlivese, que na sua vida cotidiana não poupou suas energias mais nobres para dar rosto e corpo ao Evangelho, estabelecendo uma rede de relacionamentos humanos e espirituais saudáveis que colocaram à prova o seu caráter forte e o seu temperamento luminoso. Posso imaginar por quantas lutas internas ela teve que passar para dobrar-se e forjar a personalidade de uma mulher humilde e doce, forte e terna, fazendo com que traços opostos se tornassem harmonia nela!

Clélia quis colocar-se na escola do Evangelho e, como o Apóstolo Pedro, deixar-se moldar pela fé em Cristo. Entendeu que a única maneira de viver a vida cristã de modo convincente e com alegria foi vivê-la como "filha amada". Um Amor que conheceu mantendo o olhar fixo no CORAÇÃO de Jesus para poder superar as provações com serenidade, apesar da escuridão daquele momento.

O apóstolo Pedro escreve: "...deveis alegrar-vos, ainda que agora, por algum tempo, sejais contristados por diversas provações, a fim de que a autenticidade comprovada da vossa fé, mais preciosa do que o ouro que perece, cuja genuinidade é provada pelo fogo, alcance louvor, glória e honra por ocasião da Revelação de Jesus Cristo. A ele, embora não o tenhais visto, o amais; mas crendo, vos rejubilais com alegria inefável e gloriosa, pois que alcançais o fim da vossa fé, a saber, a salvação das vossas almas" (1Pd 1,6-9).

O momento da provação se apresenta na vida de Clélia como um fogo ardente, forte e impetuoso que, só quando visto através da fé, pode abrir o olhar para horizontes novos e inesperados. Com efeito, como o fogo é capaz de atestar o valor do ouro puro, da mesma forma, para Madre Clélia, o valor de sua fé foi atestado através do fogo das diversas provas que teve que enfrentar. Quanto mais profundas e severas foram as provações, mais sua fé assumiu as conotações da autenticidade de uma heroica vida cristã. A fé autêntica de Clélia foi purificada e fortificada para que seu verdadeiro valor pudesse ser conhecido, caracterizado pelos traços de perseverança e fidelidade, apesar da "escuridão da noite".

Entre as provações que Clélia viveu, sem dúvida estão os três exílios enfrentados com a fé fortalecida ao longo de sua vida, permitindo-lhe enveredar pelo caminho da santidade, cuja meta havia determinado durante a sua juventude. Muitas vezes me pergunto o que ela carregava no seu coração de mãe quando teve que viver o primeiro exílio dentro de sua própria casa, em Alexandria (1911-1916), fechada num quarto, sem ter qualquer contato com aquelas filhas e irmãs que tanto amava. Eu me pergunto como viveu interiormente os anos de exílio (1916-1928) em Turim, Roccagiovine e Marcellina, depois de ser abandonada por aquelas mulheres, que anos antes a tinham seguido fielmente, e às quais tinha tenazmente dado o nome de Apóstolas; filhas caríssimas com as quais compartilhou o Carisma recebido do Espírito Santo, os sonhos, os projetos, a própria vida.

Certamente a última etapa do exílio passado na Casa Geral, em Roma (1928-1930), onde passou os últimos anos de sua existência terrena, não foi fácil. Após 12 anos de exílio forçado fora do

Instituto que ela, com amor materno, quis e fundou, foi convidada a voltar, não por sentimentos de compaixão por uma madre já idosa e doente, mas apenas para que o Instituto fosse reconhecido pela Igreja. Com um ato de amor infinito, a Madre olhou além de seus próprios sentimentos humanos e, voando mais alto que a águia, com profunda humildade e mansidão, apesar das injustiças sofridas, retornou para aquelas que nunca deixou de amar como filhas. Esse gesto de amor incondicional marcou o início de uma vida longa e duradoura para o Instituto.

Nem mesmo esse ato de absoluto amor e obediência extinguiu o fogo da provação, aceso por mãos humanas, tanto que Clélia nem teve a chance de abraçar suas amadas filhas; consumiu no cenáculo do silêncio e da oração os últimos dias de sua vida terrena fechada na solidão do seu quarto.

Quantas emoções sofridas atravessaram o coração materno de Clélia! Ela, no entanto, soube mergulhar na escola de Cristo sofredor e, precisamente como o Mestre, foi além da cruz e viu nascer a estrela radiante da misericórdia que a tornou "mulher de perdão"!

Pela fé, enraizada no Amor ao Sagrado Coração de Jesus, Clélia encontrou no perdão a expressão mais autêntica da vida cristã, que lhe permitiu enfrentar o seu cotidiano com decisão, sem olhar para trás, sem nutrir rancores ou ressentimentos. Com confiança, continuou a lançar a sua vida para o horizonte misterioso de Deus, que soube reconhecer como Divina Providência. Tinha certeza de que era guiada e inspirada por uma "Providência mais que materna", apesar das provações que teve de enfrentar.

Aproximar-se da vida de Madre Clélia, a primeira Apóstola do Sagrado Coração de Jesus, significa, portanto, estar numa escola de valores que nos coloca em constante êxodo, bem como no confronto com os sentimentos e atitudes de Jesus! A sua existência foi se construindo sobre um modelo de vida marcado por abençoar, amar e perdoar (cf. Lc 6,27-38). Três verbos que, no seu profundo sentido cristão, restituem a vida, fazem renascer, abrem novos horizontes de esperança e dão novas chances de recomeçar. Pois Madre Clélia sabia tecer, de maneira autêntica, cada relacionamento positivo ou negativo que se poderia julgar apenas com um olhar humano.

Penso em quantos que, enquanto se vangloriavam do hábito religioso, traíram sua confiança: Dom Luigi Gelmini, seu diretor espiritual; Dom Clemente Leoni, o administrador infiel; Dom Gaetano Masotti, o capelão; Ir. Marcellina Viganò, a querida coirmã acolhida com tanto amor no Instituto; Ir. Elisa Pederzini e muitos outros que fizeram parte de seus relacionamentos mais queridos, mas que a fragilidade humana ou o misterioso desígnio de Deus fizeram sujeitos ativos de importantes desafios na vida da Bem-aventurada. Com todos, sem distinção, ela soube tecer relações de verdade e caridade, aprendendo a dar e a receber perdão.

Aquece o coração saber do relacionamento que Clélia conseguiu tecer com a Ir. Gesuína (nascida Maria Bambina), irmã menor de Ir. Marcellina, quando num momento de grande fraqueza humana não poderia cumprir seus votos religiosos. Madre Clélia não traiu sua vocação de "Mãe" e, sem interpor qualquer tipo de julgamento, cuidou da jovem mulher, tratando com grande ternura e respeito a ela e à vida que carregava em seu ventre. Com amor acolheu a pobreza de Maria Bambina, fez com que ela se sentisse amparada e perdoada, fazendo-se próxima dela e de todas as suas necessidades. Ela a apoiou com muita caridade nos momentos mais difíceis, sobretudo quando, ao nascer a sua filhinha, teve que retornar ao mundo e trabalhar para poder dar uma boa educação a sua filha.

Em Madre Clélia a caridade encontrou um rosto e se tornou concreta e, com o Carisma que recebeu o coração de muitas outras mulheres, conseguiu tocar não somente um coração, mas uma infinidade de corações. Gostaria de agradecer ao escritor e diretor Paolo Damosso que com tanta delicadeza, sabedoria e profissionalismo soube compreender os pontos fortes da vida de Madre Clélia e tornar conhecido o seu grande coração. Obrigada, Paolo, mais uma vez! Que Madre Clélia, do céu, o abençoe com Cem Corações!

Madre Miriam Cunha Sobrinha
Superiora geral

Introdução

Quando comecei a conhecer a vida de Madre Clélia Merloni e a me aprofundar nesse aprendizado, fiz-me muitas perguntas às quais era difícil dar respostas imediatas.

Como pode uma mulher ter vivido uma vida tão intensa, pontuada por momentos altos, criativos e inspirados e momentos baixos de sofrimento, perseguição e traição? Como essa pode ser uma história humana que aconteceu realmente e não o resultado de um excesso de fantasia ficcional e romanesca? Mas, acima de tudo, como posso fazer um filme sobre estes acontecimentos?

Foi assim que iniciei a minha longa e pessoal investigação feita de diálogos, encontros e dias passados na Casa das Apóstolas do Sagrado Coração de Jesus, em Roma.

Conheci-as, compartilhei com elas muitos momentos do dia, a oração, as refeições, os espaços de trabalho e de lazer.

Passei muito tempo nos seus arquivos e descobri um mundo... Um mundo com aspectos desconhecidos, informações absolutamente inéditas e documentadas com precisão, que confirmavam a riqueza interior de Madre Clélia e que interpretei como um sinal benevolente da Providência.

Quanto mais eu lia, estudava, dialogava, mais desejava ter tempo suficiente para me aprofundar em cada pormenor e fazer análises.

Escrever um roteiro sobre Madre Clélia me pareceu um grande desafio, de fazer tremer as mãos.

Comecei a conviver com esse mundo e com a ideia de realizar um projeto na Verdade e fiel aos Valores que essa mulher testemunhou com coerência, jamais renunciando a seu Credo e colocando o Perdão no centro da sua vida, consequência de uma Fé que tem como fonte primária o Sagrado Coração de Jesus.

Um amor imensurável que a levou a sentir-se Apóstola e a desejar compartilhar esse apostolado com um grupo de mulheres que encontrou em seu caminho, em meio a muitas dificuldades, mas sempre iluminadas pela Providência.

Contar essa vida na sua totalidade é uma tarefa gigantesca. É por isso que escolhi narrar apenas alguns momentos dos seus últimos trinta anos que, na minha opinião, condensam o coração da sua mensagem universal.

No filme, quis mergulhar Madre Clélia profundamente na realidade atual, mostrando que os nossos Valores fundamentais são sempre relevantes e ultrapassam o espaço e o tempo. Não antecipo o modo narrativo para deixar um sabor de surpresa. E, quanto a este volume, foi criado para colocar no papel pelo menos uma parte das muitas reflexões, notas e tormentos que envolveram os últimos três anos de minha pesquisa.

É um livro que tem identidade própria e independente, fortemente desejada pelo editor Mauro Zolea, com quem tenho estado em contato constante ao longo de todos esses anos. Poderia recomendar a sua leitura antes de ver o filme, para conhecer mais elementos da história, mas apercebo-me de que também assume o seu próprio significado numa leitura posterior ao longa-metragem, para melhor compreender certas escolhas, passagens e conteúdos expressos.

INTRODUÇÃO

A escolha é sua.

Gostaria de dizer o meu obrigado de coração a todas as Apóstolas do Sagrado Coração de Jesus, começando pela Superiora Geral, Madre Miriam Cunha Sobrinha; uma verdadeira família que me acolheu, me acompanhou, me deixou livre nas minhas escolhas narrativas e me fez sentir parte dessa maravilhosa Congregação.

Gostaria que pudessem fazer essa experiência de partilhar a vida com elas e convido vocês a bater às suas portas, em Roma, nas comunidades espalhadas pela Itália e pelo mundo, para tocar com a mão a atualidade e o carisma da Fundadora, traduzidos hoje com fidelidade e paixão na vida cotidiana.

Quero agradecer também a Antonella Taggiasco e a Antonio Venere, da Fogo Multimedia, da qual faço parte, e à maravilhosa equipe que me permitiu realizar o filme. Uma equipe de profissionais sérios que mergulharam numa tarefa complexa com grande entusiasmo. Uma bela alquimia! Não é tarefa fácil, ao longo de várias semanas, aprender a compartilhar o *set* com pessoas com objetivos claros e comprometidas, com competência para alcançá-los, ajudando a criar uma atmosfera de paixão e relações humanas genuínas.

E tudo isso foi possível também, e sobretudo, graças ao elenco de atores que deram voz e rosto às personagens postas em cena. Com eles se criou uma atmosfera extraordinária, difícil de descrever, feita de empenho, trabalho árduo e pesquisa apaixonada que se transformou em amizade sincera.

Espero, sinceramente, que tudo isso seja absorvido no desenvolvimento do filme *Cem Corações* e que de alguma forma essas emoções também possam ser captadas nas páginas deste livro.

Tudo por um grande objetivo: conhecer Madre Clélia, amá-la e imitá-la nos valores que ela exprimiu, para mudar e melhorar as nossas vidas, à luz do Evangelho. Boa leitura!

Paolo Damosso

CAPÍTULO 1

Finalmente

O piano. Um pensamento que acompanha os sonhos de uma mulher cansada, doente, mas ainda cheia de Vida, forçada a imaginar em sua cama.

As mãos. Elas se movem rapidamente sobre o cobertor. Os dedos. Eles tamborilam, procurando as teclas pretas e brancas a fim de encontrar uma melodia para compor.

O coração bate forte.

As pernas estão tremendo.

Muitos anos se passaram, muitos sofrimentos, o corpo se cansa para fazer qualquer gesto, mas a música... A música tudo pode. Apaga o tempo e as dores.

Deitada na cama, Clélia olha ao redor e desenha linhas precisas com os olhos, de um lado para outro do quarto.

– É chegado o momento... – continua a repetir para si mesma.

Ela passa os dias fechada ali dentro, desde que chegou à Casa Geral em Roma, conhece cada detalhe das paredes circundantes e os móveis. Ela saberia desenhar cada objeto, espaço, cor e nuances com uma precisão meticulosa.

– Sim... não devo adiar.

Decide de improviso, reúne suas forças e se senta na cama. Não há ninguém, apenas silêncio. E quando poderia acontecer novamente? É o momento ideal. Esquece seus anos e as suas doenças.

Está de pé e, num instante, fora do quarto. As escadas estão desertas, parece que todos deixaram o convento. O sol mostra que a manhã está adiantada, como os compromissos de suas irmãs.

Tem alguns degraus para descer... Devagar, devagar, basta apoiar-se bem ao corrimão e a tarefa está feita. Quanto mais a meta se aproxima menos sente o cansaço. E se chegasse alguém de repente, o que poderia dizer? Não tem desculpas, deveria submeter-se e voltar atrás, talvez para sempre. Mas tudo se cala e só tem uma porta a ser aberta... Ei-lo! O piano está no fundo da sala, imponente, chama a atenção como uma preciosa obra de arte.

Que maravilha! Não está sonhando, tudo é verdade. Faltam poucos metros, coragem! Está quase lá! Senta-se no banco de madeira que parece ser a poltrona mais confortável do mundo. Descobre o teclado e vive a mesma emoção de quando era mocinha.

Cada vez é como se fosse a primeira vez. O coração se torna um metrônomo que marca o tempo do seu desejo e que a convida a começar. A vontade de tocar é mais forte do que seus medos, deixa-a suspensa entre o céu e a terra. Mais no céu que na terra!

Clélia não tem mais idade, sua respiração aumenta e é o único barulho que a envolve. Mas o que importa? Somente a música é que conta. O olhar percorre as teclas e as pontas dos dedos as tocam, tremendo um pouco. Basta pressioná-los como ela sempre soube fazer, mesmo que já tenha passado um bom tempo.

Inicia. Finalmente!

As notas se entrelaçam no ar, transformando-se nos sons de uma melodia tão esperada. Como o alçar de um voo, livre, majestoso, olhando tudo de cima. Finalmente! E não importa se alguém a ouvirá, agora suas asas vão muito além do horizonte e tudo se tornou muito pequeno, mais distante.

Clélia se recupera, a mulher, a irmã, e se reencontra madre... Madre Clélia.

CAPÍTULO 2

Um sorriso que fala

O convento vive o habitual vai e vem matinal; todas as irmãs estão em movimento. Acordam cedo e, após a oração comum e o frugal café da manhã, concentram-se nos diferentes serviços que lhes são atribuídos. A escola é uma das principais atividades, mas tem também todos os trabalhos relacionados à vida doméstica de uma grande família.

Irmã Maria é muito ocupada, ela está sempre em movimento e a touca engomada não impede os movimentos rápidos de sua jovem idade. Ela abre as portas de um guarda-roupa imponente para pegar os lençóis recém-lavados e passados com cuidado, prontos para a troca.

Ela deve arrumar a cama da fundadora Madre Clélia e toda vez sente um pouco de temor. De certa forma, ela se sente privilegiada porque está entre as poucas que, pela obediência, podem entrar naquele quarto sem pedir permissão à superiora. Para as outras é proibido entrar e elas não perguntam o motivo. É assim.

Se Madre Marcellina disse algo com firmeza. Não se discute. Irmã Maria verifica e verifica novamente as roupas que tem nas mãos para não esquecer nada. Só falta subir as escadas com sua trouxa para completar o trabalho que lhe foi designado. Alcançados os primeiros degraus, percebe que o silêncio é quebrado pelo som de um piano que repete várias vezes o mesmo giro harmônico.

Seus pensamentos não escondem um desejo que cultiva há muito tempo.

– Talvez tenha uma aula de piano, como é belo tocar... Eu também gostaria, mas nunca tentei ou estudei... Talvez um dia...

É trazida de volta à realidade pela visão de Irmã Ângela, curvada lavando os degraus.

– Como está, Irmã Ângela? Bom dia!

A irmã responde sem levantar a cabeça.

– Como você quer que eu esteja? Tem uma mancha aqui que não sai... E esta escada nunca acaba.

– Mas você pode ouvir esta linda música.

– Pensei que fosse você, já que sempre me diz que gostaria de tocar...

– Você está brincando... Por enquanto vou arrumar a cama da Madre Clélia.

– E eu, por enquanto, continuo com os meus degraus... Tenho que terminar antes do meio-dia!

As duas irmãs se olham e soltam uma risada afetuosa. Elas são amigas e muitas vezes partilham as dificuldades e as esperanças de seus anos.

Irmã Maria continua sua caminhada em direção ao quarto. Ela se vira para uma última pergunta:

– A propósito, está tudo bem? Tudo tranquilo?

– Como sempre! Diante disso você pode ter certeza de que Madre Clélia não se move. Não pode e não deve!

– Mas você vai dizer "olá" de vez em quando?

– Devo dizer-lhe a verdade? Mas depois você não vai contar a ela!

– Fique tranquila.

– Às vezes sim, quando não tem ninguém, abro a porta e ela sempre me cumprimenta com um sorriso que... Não posso explicar...

Irmã Maria confirma com o olhar.

– Eu conheço bem o sorriso dela... Comigo também é assim.

– Mas lembre-se: melhor não falar sobre isso, mesmo que não façamos nada de errado, certo?

A resposta está na pergunta, sugerida pelo bom senso e pelo coração. Irmã Ângela continua com os seus degraus e Irmã Maria retoma seu caminho.

Ela bate à porta e não ouve resposta. Espera alguns segundos e entra como já fizera muitas vezes. Mas para imediatamente, mudando de expressão em um piscar de olhos. Na frente dela está uma cama desarrumada. Vazia! Chama: "Madre Clélia! Madre Clélia!", sem resposta. Corre como um raio para a porta no final do quarto que sai para o coro, com vista para a Capela. Nada. Verifica rapidamente o banheiro, cuja porta está aberta. Vazio! Não há outros lugares. E então ela corre em direção às escadas, gritando.

– A Madre... onde está a Madre?

Irmã Ângela larga seus trapos e deixa cair o esfregão, correndo para o quarto. As duas Irmãs no quarto continuam indo e vindo, várias vezes sem se falar.

– Não é possível! – Repete Irmã Maria.
– Mas para onde ela foi?
– Deus do céu... O que aconteceu?
– Fique calma! – Diz Irmã Maria com uma agitação que contrasta com as palavras.
– E agora, o que fazemos?
– Temos que chamar Madre Marcellina. Agora mesmo! Mas como é possível que você não tenha visto nada?

Irmã Ângela responde com constrangimento de quem se sente julgada.

– Eu... Eu... Nada! Ela está sempre na cama... Quase não se mexe! Você sabe muito bem. Alguém a acompanhou para fora... Sozinha ela não consegue fazer nada!

As vozes das duas Irmãs e seus movimentos não passaram despercebidos. Atrás delas está uma Irmã que parou na soleira. Espera um momento antes de falar. É a superiora, Madre Marcellina. Séria, competente, às vezes também autoritária. Muitas vezes um olhar dela vale muito mais que palavras.

Irmã Ângela imediatamente percebe sua presença e abaixa a voz.

– Madre Marcellina, eu estava para ir chamá-la...
– Onde ela está? Sabe que não deve sair. – O tom firme da superiora não permitiu qualquer resposta – E vocês duas não têm mais nada para me dizer?

Sem resposta.

– E quem está tocando piano a esta hora?
– Pensei que havia ensaios. – Sussurra a Irmã Maria.

A Madre Marcellina compreende tudo. Deixa o quarto de forma decisiva. Desce as escadas para encontrar confirmação da sua suspeita e as duas Irmãs seguem-na por curiosidade.

Ela abre lentamente a porta de onde vem a melodia e seu rosto se acalma. Permanece por um momento ouvindo aquelas notas e procurando as palavras certas que terá de pronunciar muito em breve.

Atrás dela, Irmã Maria e Irmã Ângela tentam ficar paradas e gostariam de desaparecer. Lá dentro, Madre Clélia, de roupão, está sentada e extasiada pelo som que a levou para um mundo distante, onde não há paredes, portas e proibições.

O seu voo musical continua nas asas da liberdade e da inspiração, tanto que não percebe a entrada de Madre Marcellina, que caminha devagar e levemente, permitindo ainda algum tempo para o concerto em curso.

A única espectadora se detém para ouvir. Ela não é insensível aos talentos artísticos da Irmã. Entretanto, as duas jovens irmãs viram, compreenderam e regressaram aos seus serviços. O problema já não é mais delas. Madre Marcellina está agora bem perto do piano, invisível a Madre Clélia, e forçada a quebrar o encantamento com as suas palavras.

– Madre... Madre Clélia.

A voz interrompe a viagem. Os dedos param, o voo termina. Madre Clélia cai na terra e desperta do sonho com olhos abertos. Ela se volta para a superiora que continua com o tom de uma mãe que repreende gentilmente.

– Por que você saiu do seu quarto? Você está muito fraca, poderia cair... Você me deixa tão preocupada.

A resposta é um sorriso. Um sorriso que fala.

CAPÍTULO 3

O *veloz carrossel*

As palavras não servem em certos momentos. Madre Marcellina sabe muito bem disso. Ajuda pouco a pouco Madre Clélia a levantar-se, não antes de ter esperado a breve saudação da coirmã ao piano, que acaricia as teclas pela última vez, fecha a aba que as esconde e as protege da poeira. Apoia-se à superiora, recolhendo todas as suas forças para recolocar-se em pé.

As duas mulheres partem lentamente, em silêncio. Madre Clélia não se perguntara como se concluiria a sua pequena fuga. Ela tocou sem se fazer perguntas, como se o mundo acabasse naquele momento. Sobem as escadas com um passo lentíssimo e compassado. Uma pequena procissão acompanhada pelo som dos sinos da Basílica *di Santa Croce in Gerusalemme*.

A porta se abre para o quarto perfeitamente arrumado. Irmã Maria fez um bom trabalho. A cama fora preparada com arte.

– Muito bom! Tudo está no lugar! – Comenta Madre Marcellina.

– Obrigada!

– Prometa-me que não vai mais acontecer.

– Desculpa... te peço desculpa.

– Águas passadas. Acomode-se bem. Isso, assim... Devagar, devagar, com cuidado!

Madre Clélia segue as ordens com dignidade e, sempre com o sorriso, encontra a melhor posição para o seu físico sofrido.

Fim da aventura! Madre Marcellina olha ao seu redor como quem controla se cada coisa está no lugar certo. Depois volta o olhar para a coirmã deitada na cama.

– Então, me dá autorização de retornar aos meus trabalhos? – Pergunta com disfarçada ironia.

– Te acompanho com a oração!

– Certo, certo, reze muito por mim. E repouse, já que pode. Se soubesse quantas preocupações eu tenho...

– Eu te prometo!

– Em breve mandarei trazer o almoço.

– Que gentil!

– Retorno depois!

Madre Marcellina está para sair, mas refaz seus passos para lembrá-la de um compromisso importante.

– Ah, por falar nisso, sabe o que deve fazer hoje.

– Como posso esquecê-lo? Volto a ser uma irmã!

Madre Marcellina sai rapidamente, mostrando ter muito trabalho, o que todos captam em seus movimentos. Ela se divide em mil tarefas para controlar, verificar, estabelecer e programar. Suas costas estão retas como um fuso e espelham aquela retidão que costumava exigir das suas coirmãs.

Madre Clélia finalmente está sozinha. Pode saborear as emoções que experimentara sem pedir permissão para ninguém. Esse interlúdio alimentou sua imaginação. Depois de tantos meses de parcial enfermidade, esta fuga musical sacudiu o seu ânimo e restaurou a cor, não apenas em seu presente, mas também no passado.

Toda a sua vida retrocede rapidíssima e desacelera em alguns momentos para revivê-los com maior consciência. Sessenta e oito anos vividos em um carrossel que girou sempre sem nunca parar e sem dar-lhe tréguas. Tantas vidas em uma só, difícil de explicar. Momentos de profunda dor alternados com momentos de grande esperança. Um contínuo sobe-e-desce de contrastes e de reconstruções tendo um único ponto fixo que guiou a navegação em um mar em tempestade: **a FÉ**. Sólida, autêntica, sem medidas nem outros comprometimentos.

Uma única referência no horizonte: o Evangelho. Um único Coração que bate junto ao seu: o de Jesus. Madre Clélia é forte nas suas certezas e agora pode continuar a sonhar com os olhos abertos. Reencontrara a sua melodia, a partitura que acompanha os seus gestos. Agora é o tempo certo para reler certas situações. No entanto, ela está certa de que, seja nos sofrimentos seja nas alegrias, a Providência nunca faltou.

Os olhos se fecham, ouvindo as vozes distantes das crianças da escola subjacente que lhe trazem de volta à memória as suas orfãzinhas de Viareggio. Um outro século, um outro mundo.

É o ano de 1895.

No pátio da casa de Viareggio está um belo grupo de meninas que lhe querem verdadeiramente muito bem. Ela deu uma nova dignidade a estas criaturas que respondem com entusiasmo e com todo amor possível. Por trás delas estão histórias difíceis de abandono, de solidão e de pobreza. Elas são o resultado de uma Itália que ainda não encontrou sua própria identidade.

Passa muito tempo com elas, encontrando o significado de sua escolha de vida consagrada. Ensina o catecismo e lhe agrada muitíssimo passar um tempo costurando e bordando com elas, para transmitir um trabalho útil à vida futura dessas pequenas mulheres. O momento mais intenso e emocionante é sempre aquele do canto, porque consegue unir a arte à oração. Colocar-se junto a essas vozes inocentes é como saborear a visão de parte do Paraíso.

Fecha os olhos enquanto as guia no jardim, acompanhando a melodia com amplos gestos que chamam a atenção das meninas.

Conhece de cor as notas, os tempos e as entonações para construir um conjunto vocal mais que satisfatório. Deixam-se guiar, todas atentas a seguir as indicações oferecidas. Todas? Não mesmo! Algumas se distraem facilmente porque não conseguem ficar paradas por muito tempo e preferem jogar bola. Então, chega o momento em que Madre Clélia entende e interrompe. Chegou a hora de jogar.

– Crianças, vamos parar um pouco! Eu também estou cansada! Divirtam-se sem fazer muito barulho e recomendo: não se machuquem.

Poucas palavras que desencadeiam uma energia coletiva irreprimível. Irmã Giuseppina se aproxima de Madre Clélia com um copo e lhe oferece.

– Obrigada! Eu realmente precisava de um pouco de água e açúcar. Preciso recuperar minha energia.

Irmã Giuseppina está preocupada. Vê a Madre visivelmente cansada e a conhece bem, sabe que ela nunca desiste.

– Mas você não parou um momento hoje, o dia ainda é muito longo e você tem que dar um jeito de descansar. Vamos para lá para ficar um pouco em silêncio.

Madre Clélia não queria ceder. Ela fica bem sobretudo quando está com suas orfãzinhas. Mas conhece também os limites das suas forças e não quer assumir esse risco. A comunidade é jovem, ainda na espera dos reconhecimentos oficiais, e a Madre deve guiá-la com todas as capacidades de que dispõe, não pode se permitir pausas.

– Meninas, agora devo me despedir. Logo nos veremos!

Elas imediatamente a agarram e a abraçam. Alguma se esconde nas suas amplas saias, fazendo-a rir de gosto. Os frequentes caprichos que se repetem quando devemos nos afastar também por breves momentos.

– Não, não! Por favor... vocês sabem que eu volto logo e que as deixo em boas mãos com Irmã Ângela e Irmã Madalena.

Também, para ela, separar-se dessa explosão de vida não é fácil e gostaria de ficar jogando com elas, mas Irmã Giuseppina a toma pelo braço e ela se deixa conduzir pela amiga fiel que a conhece melhor que todas. No entanto, o sol é forte e ilumina os rostos despreocupados das orfãzinhas que correm sem uma meta, livres e seguras de ter encontrado uma casa, o calor de uma família e o afeto de uma Madre.

CAPÍTULO 4

Sempre Filha

A vida de uma jovem comunidade esconde em si uma oscilação de situações felizes e de problemas delicados para resolver. Na nova família vivem-se os primeiros passos de uma experiência que deve encontrar os seus equilíbrios e a sua estabilidade. Em Viareggio, chegaram em três para iniciar um novo caminho: Madre Clélia, Fundadora e responsável desde o início, e as duas companheiras com as quais dividiu a experiência religiosa em Como, no Instituto de D. Luigi Guanella: Ir. Giuseppina D'Ingenheim e irmã Elisa Pederzini.

Irmã Giuseppina vive em uma sintonia total com Madre Clélia, profunda, feita de gestos, palavras e confidências cotidianas. Irmã Elisa tem um caráter muito forte e acompanhado de uma leitura da realidade que faz emergir mais os problemas que as oportunidades. Percebe que não é sempre oportuno partilhar as suas preocupações com Madre Clélia, então desabafa frequentemente com o diretor espiritual, Padre Luigi Gelmini. Um homem que deveria acompanhar os primeiros passos oficiais da congregação, e o uso da forma condicional aqui é imprescindível, pois os resultados não corresponderão às expectativas.

Na sala do convento, Padre Gelmini está falando com Irmã Elisa de questões que não são novas.

– Voltei novamente ao Bispo, mas não tem jeito! – Sublinha preocupado o sacerdote.

– Quer dizer?

– Já dissemos isso um ao outro muitas vezes. Dom Ghilardi não quer ouvir razões. Ele não vê vocês com bons olhos, ele não é sereno quando fala de vocês.

– Isso não é bom.

– Acrescenta Irmã Elisa.

– Infelizmente, é assim. Devemos dar os passos certos, deveríamos nos mexer, mas a Madre...

– A Madre... A Madre finge não sentir e erra! Também porque ela é a primeira que a cúria ataca!

Os dois estão sentados à mesa e parecem resignados, quando o ruído da porta é uma chamada imprevista a mudar o tom. Madre Clélia deixou as orfãzinhas e está entrando com irmã Giuseppina para encontrar um momento de tranquilidade. Vendo a sala ocupada é natural um pedido de desculpas.

– Padre Luigi, desculpe, não sabia que tinha um colóquio, nós vamos embora logo.

– Nenhum problema, Madre, estou com irmã Elisa para uma conversa, mas ficaremos felizes se puderem unir-se a nós. Por favor!

Padre Gelmini sinaliza com gestos amplos para se sentar. Os seus movimentos são sempre muito controlados e típicos do papel que ocupa. É um daqueles padres que não podem ser criticados pela forma do hábito que usam. Logo os quatro se encontram sentados ao redor da mesa colocada no centro da sala e é Irmã Elisa que inicia a conversa, sem medo, com o olhar preocupado.

– Estávamos falando de problemas, tanto para mudar... Padre Luigi acolhia os meus desabafos, pois são coisas que a senhora conhece.

Madre Clélia olha para Ir. Elisa com um sorriso amigável e já compreende tudo. Muitas vezes sente que deve encorajá-la e estimulá-la a evitar o pessimismo.

– Vamos, Irmã Elisa, coragem! É preciso um pouco de coragem! É preciso caminhar para frente para tornar-se santa, não acredita?

– Para você sempre é fácil!

– Por que é fácil santificar-se?

– Não, não estou dizendo isso. Precisamos ter presente que o bispo não nos quer bem!

Neste momento, Padre Gelmini, aumenta a dose.

– Isso complica tudo, Madre. As críticas de cima estão aumentando!

Pensando nas suas orfãzinhas, Madre Clélia muda de tom.

– Não sei o que lhes dizer... As coisas, eu as vejo de baixo. Sugiro que vocês fiquem um pouco com as meninas que temos lá fora ou com as outras coirmãs, pode ser uma ideia, não? Depois de um ano a Família tornou-se grande e é sobre isso que devemos nos empenhar.

Irmã Giuseppina, ao seu lado, acena com a cabeça, olhando para Irmã Elisa e continua o discurso da Madre.

– É verdade! Em poucos meses a casa se encheu de vida. Olhai ao redor! Não temos tempo para nos lamentar, devemos ter confiança na Providência, ao menos nós três, nós conhecemos bem a história. Não nos esqueçamos nunca da saída de Como. Nós confiamos e basta, tudo está aqui!

Irmã Elisa não está convencida. Desde o início ela sempre teve a função de ser um uma espécie de contraponto das três.

– Talvez tenhamos corrido demais. Tudo passou tão rápido... Eu, às vezes, estou exausta de tanto trabalho, por exemplo, com as meninas...

Suas palavras são interrompidas por uma jovem irmã que entra na sala com um telegrama em mãos. Ela o entrega a Madre Clélia com uma atitude de quem não leva boas notícias.

Imediatamente se faz silêncio, e também irmã Giuseppina teme que seja a mensagem que paira sobre elas há dias.

— Diz respeito a seu pai?

— Infelizmente, sim. É aquilo que eu temia... Piorou. Devo partir amanhã cedo, sem demora.

E com essas palavras se levanta rapidamente e sai sem ou menos se despedir. Irmã Giuseppina a segue instintivamente. Padre Gelmini não perde tempo para dirigir-se novamente à Irmã Elisa.

— O velho e rico maçom pode estar prestes a enfrentar o Julgamento... Os "nós" chegam ao pente!

Irmã Elisa olha para frente, como se falasse consigo mesma.

— Pobrezinha! Faz muito tempo que o pai faz Clélia sofrer, agora é um problema para nós também. Mas talvez o momento da mudança tenha chegado. Logo a Madre poderá herdar uma fortuna!

Padre Gelmini não tem dúvidas.

— Essa sim, seria uma boa notícia! Aqui apostamos no futuro!

Palavras inadequadas e incomuns para um padre. Criam um constrangimento palpável e por isso fazem calar um silêncio que não deixa respostas.

Padre Gelmini continua girando o chapéu em suas mãos. Irmã Elisa tem um olhar difícil de interpretar. Seria bom que tivesse ao seu lado um padre que a fizesse erguer o olhar e que lhe desse esperanças. Mas não é assim. O dia ainda não acabou e a promessa não é boa. No horizonte, o céu não está sereno.

Madre Clélia deixa todos os pensamentos para trás. Agora se sente somente filha. Filha de um pai amado, sempre e em qualquer situação.

CAPÍTULO 5

O último suspiro

O trem corre rápido em direção a uma meta que parece não chegar nunca...

Madre Clélia olha pela janela a beleza de um panorama onde se encontram o céu com o mar, as rochas com a terra firme, o sol com o vento, mas o seu olhar vê além. As lembranças se entrelaçam em sua mente que não consegue repousar.

Sanremo tem tantos significados que para ela são difíceis de definir. Perder a mãe ainda em tenra idade foi um trauma. Tinha três anos e não se lembra deles!

Compreender um pai que persegue a riqueza às vezes foi insuportável. Compreender a sua filiação à maçonaria foi simplesmente impossível e doloroso.

Aceitar uma nova mulher ao seu lado custou-lhe algum esforço, mas depois aconteceu alguma coisa, e a palavra "madrinha" assumiu um valor incomum, caloroso e afetuoso.

Com ela rezou, confidenciou, sorriu, compartilhou tempo e esperanças para o futuro. Depois, inesperadamente o vaso se quebrou. O pai a mandou embora para tornar pública uma nova história que nasceu na casa, com Bianchina, a sua governanta.

Uma mudança difícil de entender e suportar. Quanto sofrimento para a jovem Clélia! Quantas perguntas e incompreensíveis respostas ditas pela metade!

O luxo não é suficiente para preencher uma vida, ela entendeu muito bem. E hoje, ao aproximar-se da porta da casa paterna, não consegue prever suas reações. Bianchina abre-lhe a porta e a atualiza sobre a situação sem preâmbulos.

– Padre Clemente acabou de sair. Veio para lhe dar a Comunhão.

Uma notícia inesperada, que deixa entrever um rasgo de luz. Para um maçom aproximar-se dos sacramentos é uma contradição. O comentário de Madre Clélia é lapidário:

– *Deo gratias*!
– A situação é grave...
– Deixe-me ir até ele.
– Posso oferecer alguma coisa?
– Não, não se preocupe. Eu só quero vê-lo.
– Seja cuidadosa, ele está muito cansado. À noite não consegue descansar, e o médico me disse que...

Madre Clélia não consegue mais suportar todas essas palavras. Sente que o pai a está chamando porque intuiu a sua presença. As palavras de Bianchina parecem vir de muito longe, perdem força e valor. Agora pode finalmente sentar-se ao lado da cama e aproveitar a voz paterna.

– Clélia, compreendi logo que eras tu.
– Não via a hora de te ver.
– Eu também... Estou esperando por ti há dias. Agora estou pronto... Meu último desejo era ver-te!

Os dois se olham e o tempo se dilata. Tudo parece parar. Ela rompe o silêncio.

– Eu queria que o trem voasse.
– O tempo voa! Clélia... Não há mais tempo, não há mais tempo!

Madre Clélia queria dizer tantas coisas, mas não sabe por onde começar, e o sofrimento visível do pai a paralisa por longos segundos que parecem minutos... horas.

– Papai, o que posso fazer por ti?

– Estar aqui! Isto me basta...

O olhar de Madre Clélia para ao observar um livrinho apoiado sobre as cobertas. Rapidamente o toma entre as mãos, o folheia, e faz uma descoberta surpreendente e maravilhosa: é um livro de orações.

– Isso te surpreende, não é?

– Não, pai. Já não me surpreende mais. Faz-me bem!

O pai não consegue conter a emoção, e o quarto se enche de sua respiração ofegante que enfatiza, ainda mais, a sua condição muito crítica.

– Eu sei, eu sei... Parece estranho para ti pensar que o teu pai reza.

– É maravilhoso pensar nisso!

Madre Clélia abre um sorriso que ilumina a penumbra do quarto. O pai mergulha naquele olhar da filha que o abraça com a luz dos seus olhos. Mas o remorso é muito grande.

– Desculpe-me!

– Não papai, não te deves desculpar. São sempre os filhos que devem pedir desculpas.

Madre Clélia segura apertado entre suas mãos o livrinho de orações, sinal evidente de uma mudança tão esperada, sofrida e desejada. Um sinal providencial que a faz compreender quanto a vida surpreende, até no último momento. O pai a olha com os olhos que comunicam um sofrimento físico indizível. Quer ainda dizer-lhe alguma coisa.

– Sei bem quanto sofreste por minha causa. Ter um pai maçom para ti foi um peso insuportável. Isto me faz ficar ainda pior e não acredito que agora eu possa remediar a dor que experimentaste.

– Não penses mais nisso. Acredite em mim, é água passada.

– Verdade? É tudo passado?

– Com certeza, papai. Não deves mais preocupar-te por isto.

No pai, uma aparência de sorriso torna mais relaxados os traços de um rosto marcado pela doença e pela febre muito alta.

– O teu perdão, Clélia, é importante... – Ele para por um momento, tentando segurar as forças que lhe restam – Vale muito mais que o meu dinheiro.

Clélia aproveita a ocasião para aliviar o clima.

– Então conta muito. Podes ficar tranquilo, papai, porque a única coisa que importa é saber que te quero muito bem!

– A única consolação que me permanece é pensar que todas as minhas riquezas serão tuas e que poderão ser úteis à tua vida com Deus.

– Não penses nisso agora.

O pai fecha os olhos em um abandono que subitamente preocupa a filha. Depois reabre-os e sussurra uma extrema verdade:

– Sem tua presença... Sem ti não teria jamais compreendido.

– Mas agora não te atormentes mais. – Responde Madre Clélia com os olhos cheios de lágrimas e de reconhecimento. Ela queria que este momento não terminasse nunca. Seria maravilhoso poder recomeçar tudo do começo, partir do início e voltar a ser criança de mãos dadas com seu papai, revivendo uma relação que permaneceu nos sonhos. Ela aperta-lhe a mão e encontra um afeto sem medida, que finalmente pode experimentar como nunca o fez.

Poucos instantes. O ingresso de Bianchina rompe o encantamento e faz com que retornem à realidade.

– Desculpem, é a hora do remédio.

– Certo, certo. – Responde o pai com um fio de resignação. Bebe do copo que a mulher trouxe, mas o seu olhar está fixo na filha.

– Obrigado... Obrigado!

A tosse o incomoda e o seu rosto enrubesce rapidamente devido a um forte ataque que lhe tira a respiração. Madre Clélia se inclina até apoiar a fronte sobre a mão embranquecida que aperta a sua.

Bianchina vive com embaraço este momento e permanece parada, como uma estátua, quase segurando a respiração. Depois de alguns instantes, terminado o ataque de tosse, Madre Clélia se volta para ele com firme doçura.

– Eu fico aqui.

– Se quiseres repousar um pouco.

– Agora estou com papai.

Como numa pintura, ninguém se move naquele quarto. Mas aquela imobilidade não está privada de substância, de amor, de sofrimento, de emoções. Enfim, de vida.

Depois de um tempo Bianchina compreende e se retira. E o diálogo, aos pés do leito, continua até o coração da noite.

Uma noite inesquecível que faz um pai reencontrar sua filha, num clima de união, paz e perdão.

Até o último suspiro.

CAPÍTULO 6

O cansaço de um padre

Reencontrar o pai é belíssimo e despedir-se novamente não é fácil. Mas não é para sempre. Madre Clélia sabe que é só um até breve, e está certa, para isso quis consagrar a sua vida. Há uma eternidade na qual reencontrará tudo, também o amor do seu pai. Prossegue no caminho que continua reservando-lhe belas surpresas alternadas com grandes sofrimentos. Mas não importa! Ela aceita e vai em frente, sem se deixar influenciar.

As semanas após a morte do pai apresentam alguns nós a serem desatados. Clélia adquire uma herança importante, mas está claro para ela que não deve condicioná-la. É útil, mas não essencial! Unida à firmeza para se manter lúcida e consistente, segundo os seus princípios, ela nunca perde a calma.

O diretor espiritual Padre Luigi Gelmini é uma referência em assuntos muito delicados e de uma personalidade indecifrável. Agora, ela o compreende isso e não foge do confronto com ele, convencida de poder descobrir o lado bom do sacerdote.

Acrescentam-se a isso também as dificuldades com o bispo de Lucca, Dom Ghilardi, com quem é difícil dialogar. O maior problema está na falta da autorização de poder contar com a Santa Eucaristia no Tabernáculo da Capela do convento. Uma resposta que, inexplicavelmente, não chega. Tudo isso atrasa também os procedimentos de reconhecimento da nascente congregação.

No entanto, a nova missão com as crianças, os idosos e as mulheres fala por si. Deveria ser reconhecida como um empenho social que tem também o objetivo de evangelizar. No momento, tudo cala na diocese. E esse silêncio, às vezes, preocupa Madre Clélia que se refugia no piano ou na arte do bordado para encontrar calma.

Hoje pegou agulha e linha porque lhe permitem trabalhar e rezar ao mesmo tempo. A cada ponto, um louvor que lhe acalma a alma. Padre Gelmini, que está com ela, ao contrário, encontra-se particularmente nervoso. Anda de um lado para o outro depois de ter retornado de mais uma visita ao bispado.

– É assim! Infelizmente encontrei ainda as portas fechadas. Parece que ao bispo chegaram más notícias sobre vocês.

Madre Clélia não levanta sequer o olhar, pois já compreendeu a antífona.

– Falsas notícias!

– Eu tentei explicar, mas não é fácil...

– Não há nada para explicar, porque é tudo falso!

O tom da Madre se acende e se torna mais forte e determinado. Mas Padre Gelmini não se resigna e prossegue.

– Bem, Madre, Dom Ghilardi parte de um fato real, a maçonaria ligada ao seu pai.

É a gota que faz transbordar o copo! Madre Clélia interrompe o bordado com um gesto de indignação e olha para o padre. Não aguenta mais ouvir estes discursos que não fazem sentido e não a machucam mais. A sua ferida já sarou e não deixou sequer uma cicatriz.

– Ainda com a maçonaria! O bispo tinha que estar à cabeceira do meu pai para entender. Espero que ao menos para você, Padre Luigi, esteja tudo claro. Ou tenho que duvidar que...

– Não, não. Está tudo muito claro, até tentei explicar, mas...

Madre Clélia a este ponto interrompe o sacerdote, porque não faz sentido escutar a conclusão do seu pensamento. No seu coração isso está claro e resolvido. Não admite mais fofocas sem fundamento.

– Não pode haver "mas" ou "se"! Meu pai foi exemplar antes de morrer e se confiou inteiramente a Deus. Isso jamais poderei esquecer!

– Imagine se eu duvido! Antes, temos que dizer obrigado, porque ele nos deixou uma grande herança!

Madre Clélia vê na referência à riqueza uma provocação fora do lugar, resultado de uma atenção aos assuntos materiais que não lhe dizem respeito. Sente-se, então, no dever de recordar ao sacerdote valores mais elevados e fundamentais.

– Agora, não é o dinheiro que conta. Queremos rezar diante do nosso Tabernáculo que deve abrigar o Corpo de Cristo. Por que não nos permitem?

É estranho chamar a atenção de um sacerdote para o Mistério Eucarístico, sobretudo quando se deixa distrair por questões materiais que nada têm a ver com o espírito.

– De acordo, Madre, tentarei insistir de novo. Também porque há ainda as Constituições para serem aprovadas!

– Então não vamos perder tempo pensando em dinheiro, por favor!

– Vocês devem ser mais pacientes.

Com esse "vocês" o padre parece querer manter distâncias. Isso é demais para Madre Clélia!

– Padre Luigi, é melhor dizer "nós" e não "vocês". Você faz parte da família, não? Quando antes você se referiu à herança, reiterou que ela "nos foi deixada". Como você disse "nos", nesse caso sim você se sentiu envolvido, mas não é o dinheiro que nos deve unir. Vamos lá, vejamos o que nos importa! Antes de tudo, você tem que nos defender, tem que explicar... Convide Dom Ghilardi para vir aqui, para ver as meninas, as órfãs, os nossos idosos... Ele compreenderá quem somos.

A conversa é abruptamente interrompida por alguém que bate à porta da sala. Menos mal! O tom estava subindo muito e nesses casos é sempre melhor fazer uma pausa.

– Entre!

Irmã Giuseppina aparece na porta e não está sozinha.

– Madre, Marietta acabou de chegar!

A Fundadora põe-se de pé em um salto, com um sorriso que deixa para trás as inquietações do momento.

– Esta sim, é uma boa notícia!

Uma jovem vestida com grande simplicidade entra com o impulso que revela um entusiasmo contagiante, é Marietta Viganò.

– Bom dia, Madre!

– Como você está, Marietta? Bem-vinda à nossa Casa! Estou aqui com o nosso diretor espiritual Padre Luigi Gelmini.

O sacerdote faz um aceno de cumprimento e a jovem responde com uma ampla inclinação.

– Aos poucos conhecerá todos.

Irmã Giuseppina não cabe em si. Cada vez que entra uma nova jovem que deseja consagrar-se, é uma explosão de felicidade.

– Mas você sabe que tem mais duas irmãs de Marietta que desejam entrar conosco?

– Que maravilha! Estou mesmo contente!

– Sim, sim. Chegarão logo e poderão ser, quem sabe, três!

– Essa é uma verdadeira bênção para todos nós, não é, Padre Luigi?

Madre Clélia não resiste e quer envolver o sacerdote para lhe transmitir o entusiasmo que nunca consegue sentir nos seus relacionamentos. Mas não desiste!

Padre Gelmini, de sua parte, permanece espectador deste belo momento de festa.

– Certo! Vocês necessitam mesmo de bênçãos!
– A correção gramatical é necessária. "Temos" necessidade, Padre Luigi! "Temos". Deves festejar junto conosco! Vem, Marietta, quero te mostrar a nova Casa!

Madre Clélia dá o braço à jovem que lhe sorri com afeto. Esse momento a faz esquecer todas as preocupações e pouco importa se ainda não consegue envolver o sacerdote que deveria ser o primeiro a infundir-lhe esperança. Por isso, antes que vá embora faz a ele ainda uma última recomendação.

– E lhe peço que conte isso também ao bispo!

A sala se esvazia e as três mulheres saem, levando embora o peso da vida e da paixão. Padre Gelmini fica só. Põe-se a meditar sem mudar a expressão. Não consegue sentir-se parte dessa festa. Os seus pensamentos são imperscrutáveis e não lhe resta senão tomar na mão o seu chapéu, parte de um hábito que deveria inspirá-lo e que, ao contrário, às vezes o deixa pesaroso. Difícil ser padre. Fácil é criticar, olhar as coisas à distância, mesmo quando está perto.

Há sempre tempo para mudar de ideia.

CAPÍTULO 7

Carta a Maria Bambina

"Quero encorajar-te, minha querida, o Senhor o quer e tu o mereces. O meu coração, vê, dificilmente se engana nos seus pressentimentos. O meu coração sente que, se tu escutares com docilidade a voz de Jesus, farás para o futuro um grande progresso. Sim, Bambina, tu intuis por qual caminho o Senhor te quer; e tu não quererias que fosse esse. Tu lutas, mas, por caridade, não desprezes a voz, as santas inspirações de Deus! Se ele te chama, e me parece que compreendes, responde-lhe prontamente, não te faças de surda, não resistas ao convite do teu Jesus."

Quantas vezes Maria Bambina leu e releu essa carta de Madre Clélia! Gastou o papel de tanto o abrir, fechá-lo e segurá-lo entre as mãos. É a mais jovem das irmãs Viganò. Antes dela, chegaram a Viareggio Marietta, aquela que agora leva o nome de Irmã Marcellina e, em seguida, irmã Nazarena e irmã Irene. Uma linda parte da família que de Monza partiu para o convento. Um bom motivo para encorajar uma vocação que luta, que sente presente e que imagina poder crescer em um contexto verdadeiramente familiar para ela.

Madre Clélia percebe o grande valor dessa jovem à qual se afeiçoou sinceramente. Hoje, quando chega à comunidade, acolhe-a e a faz sentar-se próxima ao piano, entretendo-a com melodias que têm o sabor de uma dedicação de boas-vindas. Maria

Bambina tem um sorriso maravilhoso, puro e que seria um pecado se apagar com o passar dos anos. Alegra-se com o som do piano e pensa no seu coração que faz bem confiar-se a uma mulher que é também artista, musicista e assim inspirada.

– Não deves fazer-te muitas perguntas, querida Maria Bambina, também porque as respostas virão sozinhas. Não tenhas pressa, precisas deixar passar o tempo, certo?

– Mas todos os dias eu me pergunto. Continuo a atormentar-me... Terei agido certo ao vir aqui? É a escolha que eu quero para mim?

– Pensa que todas nós também nos perguntamos. Toda mulher consagrada deveria confirmar a sua vocação cotidianamente. Tuas irmãs também se perguntam. É natural.

Madre Clélia não para de tocar, como se tivesse sido arrebatada pela partitura que tem à sua frente. Maria Bambina acolhe sua hesitação.

– Tudo bem, Madre. Faço a experiência, mesmo se me sinto ainda um pouco indecisa, e minhas irmãs me ajudarão, com certeza!

A Fundadora subitamente levanta as mãos do teclado e se volta à jovem com toda a participação possível.

– Mas isso não importa. Deves fazer o teu caminho mesmo se, quando te olho, me recordas muitíssimo a tua irmã, Irmã Marcellina.

– Quer dizer, Marietta.

– Sim, Marietta, mas agora a deves chamar de Irmã Marcellina, gostas desse nome?

– Se devo mesmo dizer a verdade, me faz rir... É estranha essa coisa de precisar mudar o nome.

– Mas é como renascer para uma nova vida, partir do zero, mudar tudo!

– E eu, como poderei chamar-me?

– Bem, é muito cedo para dizer. Além disso, o teu nome Maria Bambina é belíssimo! Não penses nisso, eu já te falei, não deves ter pressa!

A jovem por um momento muda a expressão e se torna séria, como se tivesse uma sombra a lhe atormentar a alma.

– É mais forte que eu. Gostaria de ver todo o meu futuro, quero compreender, mas não é possível e não tenho tanta paciência. Então, ponho-me a ler as suas cartas e me acalmo. São lindíssimas e não sei como lhe agradecer.

Madre Clélia experimenta uma ternura infinita quando fala com Maria Bambina. Encontra um broto para cuidar e proteger, isso a impulsiona a ser ainda mais materna nos seus confrontos.

– As minhas palavras são nada. Prometa-me que nesses dias conosco procurarás erguer o teu olhar, olhar ao céu. É ali que poderás encontrar a coragem de decidir. Eu rezarei muito por ti. E tu, recorda-me também nas tuas orações.

– Obrigada, Madre!

O afeto que preenche a sala é palpável e não são necessárias mais palavras. As duas mulheres saboreiam a sintonia que se criou nesse diálogo.

Mas a paz dura pouco! Invade a sala um grupinho de irmãs que entra sem pedir permissão. São as irmãs Viganò, acompanhadas por irmã Giuseppina.

– Podemos abraçar nossa irmãzinha que está de aniversário?

Guiando a procissão familiar está Irmã Marcellina, que tem o espírito de comando inscrito no seu caráter. Foi também a primeira a entrar no convento. Dá-se início aos abraços calorosos e à troca de informações sobre notícias de casa. Os pais sabem que têm uma espécie de *sucursal da família* em Viareggio. Irmã Giuseppina se alegra com a cena, como um presente que a enche

de entusiasmo para doar a todos aqueles que encontrará na sua estrada.
Madre Clélia fica sentada um pouco distante, mas nada lhe foge do que está acontecendo. O clima é de um início de festa que promete muito.

– Mas um aniversário sem bolo, que aniversário é? – Acrescenta irmã Irene, com ar interrogativo de quem já sabe a resposta.

– Então, vamos ver se temos bolo... – sublinha Irmã Marcellina em alta voz, deixando entender que tudo está pronto, que falta somente a festejada para iniciar um pouco de barulho.

Irmã Giuseppina se encarrega de fazer compreender às quatro irmãs que este é um lugar particular.

– Primeiro, porém, devemos ir saudar o nosso Patrão da Casa.

E com amplos gestos faz o sinal da cruz, mas do seu olhar se compreende que também ela não vê a hora de cortar e comer o bolo.

– *Tantiauguri a te,*
Tantiauguri a te,
Tantiauguri a Maria Bambina,
Tantiauguri a te!

Sobe o canto das irmãs Viganò que tomam o braço de Maria Bambina, saindo e saboreando a festa.

Madre Clélia não se levanta. Teria acompanhado ao piano o canto improvisado. Não o fez por um motivo que a atormenta e que não quer confiar a ninguém. Mas irmã Giuseppina compreende que há alguma coisa que não está bem. Deixa sair o pequeno cortejo e se aproxima da Fundadora.

– O que acontece, Madre? Não te sentes bem?

– Nada, nada... É que sinto falta das minhas órfãs. Vou ficar um pouco com elas. Antes, preciso concluir um negócio urgente.

Compreende-se que é algo que lhe pesa um pouco.
– Queres uma mão? Vou contigo?
– Não, não te preocupes. Une-te à festa. É importante!
Irmã Giuseppina obedece. Compreendeu tudo. Com o tempo aprendeu que existem momentos em que não se deve fazer muitas perguntas. Isso não porque Madre Clélia queira esconder-lhe alguma coisa, mas porque não quer carregar de problemas a fiel amiga que está sempre ao seu lado. Poderá confiar-lhe mais tarde, então ela entenderá. Agora, toda a sua atenção deve estar em alguém que deve enfrentar. Não pode perder tempo e nem fingir que nada acontece. Deve assumir o remédio amargo que é seu por questão de responsabilidade e pela verdade.

Dá um longo suspiro para reunir as forças. Quantas vezes na vida isso já lhe aconteceu! Talvez muitas! Mas há princípios para testemunhar por si mesma e por suas coirmãs.

– Coragem! – Continua repetindo para si mesma – Este dia também passará!

CAPÍTULO 8

Amarga surpresa

A sacristia é um lugar de paz, onde se respira um recolhimento particular. Qualquer pessoa que tenha tido oportunidade de frequentá-la, sobretudo quando criança, por ser coroinha, tem impresso na memória perfumes, enfeites, objetos e atmosfera que ficam indeléveis no próprio imaginário. São sinais que antecipam alguma coisa importante que vai acontecer e que marca a vida das pessoas que animam esse ambiente.

Uma antessala diferente das outras. Aqui não nos preparamos para um trabalho ou para um serviço como tantos outros. Aqui nos recolhemos para saborear antecipadamente o Mistério Eucarístico, onde o pão se tornará Corpo de Cristo e o vinho Seu Sangue. O sacerdote inicia uma vestição lenta que se torna oração.

Também Padre Gelmini vive este momento cotidiano. Ajudado por uma jovem religiosa, veste o amito, o cíngulo, a túnica, a estola e o manípulo. Gestos rituais repetidos a cada dia para preparar-se ao momento central da vida sacerdotal. Como sempre, vive o seu momento de recolhimento antes da Celebração Eucarística. O seu olhar não deixa transparecer tensões, nem preocupações. Todavia, alguma coisa está para acontecer...

Um pouco mais longe, Madre Clélia reúne as forças para poder enfrentar uma situação que não quereria jamais viver. Algumas horas antes, por pura casualidade, foi ela quem recebeu à porta um funcionário do Município. Este lhe entregou um envelope dizendo que era destinado à pessoa responsável pelo Instituto.

Madre Clélia sentiu-se plenamente autorizada a abrir o envelope, como superiora do Convento. Um engano que abre inesperadamente uma ferida. Um golpe inesperado. Descobre algo que jamais haveria imaginado: Padre Gelmini está trabalhando para a criação de um novo Instituto com os recursos daquele já existente, eliminando-o e, de fato, substituindo a Fundadora. Um balde de água fria ao qual precisa reagir. O passo de Madre Clélia, em direção à sacristia com a carta na mão, é seguro. Tomou as suas decisões e não lhe resta senão comunicá-las sem muitos preâmbulos.

Padre Gelmini, no entanto, terminou de vestir-se e deve somente encaminhar-se ao altar. Falta pouco para a Celebração. Seja como for, é tempo suficiente para receber uma comunicação que há de revirar todos os seus planos.

– Reverendo, desculpe-me incomodá-lo agora, mas para mim é um dever.

A folha passa das mãos de Madre Clélia às do sacerdote, que a recebe sem qualquer reação, distante de pressentir a triste surpresa.

– E o que é isso?

– Veio um encarregado do Município com essa notificação. É a resposta ao pedido de autorização e de subsídio feito por um novo Instituto chamado Família da Providência do Sagrado Coração de Jesus. Sabe, talvez, de alguma coisa?

Padre Gelmini empalidece. Compreendeu e não consegue responder outra coisa, que uma frase interlocutória.

– Não compreendo, Madre, há um engano...

Diante da negação da realidade e do olhar cabisbaixo do padre com os olhos imersos na folha, fingindo que lê, Madre Clélia não consegue conter uma forte reação.

AMARGA SURPRESA

– Não?! Aqui quem está enganado é você!
– Eu não sei nada sobre isso...
– É certo que sabe! O seu plano é perfeito. Mas sempre há alguma coisa que escapa, também quando se pensa ter previsto tudo. O senhor não consegue compreender a razão porque isto chegou a mim, caro Padre Luigi. O pobre e estranho empregado bateu à porta e me disse que devia entregar um envelope à responsável da Casa, e eu cometi a audácia de responder que ele poderia entregar a mim. Que triste tudo isso... A bomba já explodiu com todas as suas consequências. Padre Gelmini vestido com as vestes sagradas, encontra-se em uma situação da qual não consegue sair.
– Há um mal-entendido!
– Sem mal-entendidos! O fato é que você gosta de mandar e é atraído pela herança. E pouco importa se for a do meu pai, que é um maçom arrependido!

O padre tem uma única solução para sair dessa armadilha: recordar para si toda a sua autoridade de sacerdote e, acima de tudo, de um homem diante de uma mulher que, sob todos os aspectos, considera inferior. Neste final de 1800, o universo masculino é dominante em todas as esferas, mesmo na Igreja. As mulheres consagradas não podem ousar levantar a cabeça e estão erradas também quando têm razão.

Mas Padre Gelmini calculou mal. Diante de si está uma Apóstola, e este nome já põe em evidência um desejo de paridade que mal se concilia com a convicção indiscutível do tempo: Apóstolos podem ser somente os homens.

– Não se permita dizer essas coisas, voltar-se para mim deste modo, e não falte com o respeito a um sacerdote!
– E você não se permita faltar com o respeito à confiança de uma mulher que não lhe é inferior, sim? E seja mais respeitoso à veste que você usa!

O olhar de Padre Gelmini muda em um instante e se torna sombrio e ameaçador.

– Disso você vai se arrepender! Vou embora, mas isso não acaba aqui!

A essa altura o semblante de Madre Clélia se acalma. Aparece o esboço de um sorriso com a reta consciência de falar sempre inspirada pelas próprias convicções, valores e verdade.

– Não, meu caro, acaba aqui mesmo! Mas rezarei por você, não duvide! Ainda há tempo para converter-se. O dinheiro é, na verdade, uma horrível tentação! Agora, se me permite, vou com as minhas orfãzinhas. Madre Clélia sai da sacristia sem deixar tempo para uma resposta.

Para Padre Luigi Gelmini a experiência de diretor espiritual das Apóstolas do Sagrado Coração de Jesus parece estar chegando ao fim, em uma sacristia, com os paramentos sagrados vestidos minutos antes de celebrar uma Santa Missa. A tensão subiu, sua mente procura soluções que não encontra. Tudo se quebrou e parece difícil de remediar. A sua traição emergiu ao improviso, no modo mais chocante e sem deixar alternativas. Agora, porém, o chamam para a celebração. Ele continua sendo um sacerdote. Madre Clélia ao contrário, encontra-se imersa nas atenções das suas meninas que giram ao seu redor com um afeto que lhe parece ainda maior que de costume. Joga-se no mundo delas cantando, girando e distribuindo sorrisos e carícias. Ela se sente extremamente livre e tranquila em suas convicções e decisões. Fecha-se o dia doloroso, enquanto se depara com o sorriso de uma garotinha que lhe pede para entrar na brincadeira.

Então começa a brincar como se não houvesse amanhã.

CAPÍTULO 9

Noite profunda

Estar em meio às meninas é o verdadeiro remédio para deixar para trás todos os problemas e preocupações. Não há tempo para pensar no amanhã e no depois de amanhã porque a energia da infância obriga a pensar somente no hoje. Esse é o remédio de que Madre Clélia precisa. A posição de Padre Luigi Gelmini oscila sempre mais, também porque Madre Clélia não consegue lhe fechar totalmente a porta, na esperança de que o sacerdote reconheça seu erro.

Jamais gostaria de viver certas situações, mas precisa de clareza. Essa é prioridade absoluta. A decepção com a figura do padre é imensa. Para a Fundadora, o sacerdote é parte essencial da sua comunidade religiosa. Ao mesmo tempo, a morte de seu pai criou uma série de responsabilidades, procedimentos administrativos de sucessão para o quais é necessário manter a mente bem lúcida.

É inegável que o patrimônio herdado é muito consistente e representa uma grande ajuda para dar solidez à nascente congregação. Não agrada a Madre Clélia ocupar-se dessas coisas, mas ela compreende que existem momentos na vida em que é preciso enfrentar questões que não envolvem somente o coração, mas que devem empenhar muito a mente. Ela nunca ficou à vontade no meio de assinaturas, carimbos e estudos notariais, mas entende que agora tem que aguentar toda essa burocracia não somente para o seu bem, mas para o de todas as suas irmãs.

Ela ainda não superou a dor da perda do pai. Sua presença é viva, particularmente na oração, não somente naquelas pilhas de papéis descrevendo posses, propriedades, bens imóveis e contas em banco. Em meio a essa papelada fica muito clara para ela a necessidade de encontrar um administrador para gerenciar tais recursos, uma pessoa capaz e que também possa ser inspirada em valores coletivos. Sobre isso dialoga especialmente com Irmã Elisa, que é uma pessoa muito objetiva e a quem confia as escolhas práticas que deverão ser enfrentadas. Ela não tem dúvidas.

– Não gosto do mordomo que seu pai tinha.

– Imagino o porquê. Mas não foi dito que ele também seja maçom. – Replica Madre Clélia reordenando os envelopes com a coirmã.

– Mas é claro que é! A maçonaria é feita assim, todos se protegem e se ajudam entre si. Para mim é certeza. E também não podemos perguntar-lhe: desculpe, você pode nos dizer se você é um maçom?

– Mas não vejo outra alternativa.

– Pelo contrário, há! Soube que Padre Clemente Leoni, o padre que o assistiu nos últimos dias, é também administrador de alguns bens da diocese. Estou convencida de que poderia ajudar no nosso caso.

– Tem certeza?

– Bem, eu não tenho dúvidas: melhor um sacerdote do que um leigo que pode ser também maçom!

Madre Clélia balança a cabeça demonstrando perplexidade, mas a segurança da Irmã Elisa em questões práticas sempre representou um suporte sólido no qual apoiar-se.

A decisão está tomada. Padre Leoni aceita de bom grado, mostra todo o seu currículo de administrador e diz estar pronto e honrado em prestar este serviço. Há nele um entusiasmo até exagerado, mas, por vezes, é reconfortante também confiar as tarefas a quem as aceita com grande interesse.

É 1898. É noite e tudo está tranquilo no dormitório do convento. As várias camas são protegidas por cortinas que circundam seu perímetro para garantir a privacidade das religiosas. De repente, Madre Clélia, que condivide com as irmãs o dormitório, acorda sobressaltada, perturbada por um pesadelo.

Sua respiração fica pesada e cada vez mais difícil. Parece conversar dormindo, até acordar no meio de um verdadeiro ataque de pânico.

– Irmã Elisa... Não, não... Não é possível!

Irmã Elisa desce da cama para acender a luz e Madre Clélia abre a sua tenda.

– O que acontece Madre: Não estás bem?

– Não sei... Sinto uma grande ansiedade... Não compreendo!

– Deves repousar porque te cansas muito com as meninas. Procure ficar mais tranquila!

Madre Clélia faz um esforço enorme para tranquilizar-se e recolher um pouco de lucidez.

– Não, não... Escuta! Temos que ir a Sanremo o mais breve possível. Vamos partir amanhã.

Irmã Elisa não consegue conter a decepção.

– Mas amanhã já temos muitos outros compromissos.

– Amanhã, amanhã... com certeza, amanhã. Eu poderia ir mesmo agora. Tenho pressentimentos ruins!

A irmã imediatamente compreende o motivo da falta de ar, como se houvesse sugerido com os olhos.

– Você está pensando em Padre Leoni?

– Exatamente nele. Não confio, não posso, está acontecendo alguma coisa...

– Eu sei, eu sei, já falamos muito sobre isso e continuamos falando.

– Na última vez que o encontramos, ele tinha uma atitude que não gostei... E algumas coisas que ele fez deveriam ser mais bem controladas. Certas decisões não lhe pertencem.

– Para mim, ele parecia muito gentil e preciso em seus relatórios.

– Há algo em sua maneira de agir que não está claro. Ele é obsequioso, mas isso me soa ser tudo aparência.

– Não notei nada de estranho e sinto muito, pois isso pode deixá-lo muito chateado. Às vezes temos que confiar.

Madre Clélia, a este respeito, formula uma pergunta com sabor de provocação.

– Mas você sempre confia nos padres?

– Sempre melhor que nos incrédulos. Nós temos repetido tantas vezes, você sabe... Mas não podemos ter certezas. Neste caso, espero muito *que o hábito faça o monge*.

E com esta brincadeira irmã Elisa crê de arrancar-lhe um sorriso e um pouco de serenidade. Mas não é assim.

– Padre Leoni não me dá segurança.

– Se escolheu servir o Senhor, espero que não nos engane.

– Portanto, amanhã iremos a Sanremo!

Irmã Elisa não retruca mais e aceita a decisão.

– De acordo, Madre, como quiseres! Agora, porém, temos que repousar, porque a noite é feita para dormir, senão amanhã, quem sabe, o cansaço... – e assim dizendo, faz uma carícia materna no rosto da coirmã e apaga a lâmpada fazendo voltar no ambiente a escuridão e a tranquilidade.

NOITE PROFUNDA

Madre Clélia se deita lentamente e mantém os olhos abertos fixando a escuridão, como fazia quando era criança, procurando em vão distinguir alguma coisa, mas lhe parecia tudo misterioso. As cobertas que a envolviam davam-lhe sempre proteção e tranquilidade. Também nesta noite encontrou a calma. Dentro destes muros não se deve temer nada, como irmã Elisa lhe assegurou. Mas infelizmente isso não basta, é difícil adormecer novamente. Mais fácil olhar a escuridão de uma noite profunda.

CAPÍTULO 10

Como é possível?

Irmã Elisa está certa. A viagem para Sanremo não poderia ser adiada, não houve discussão posterior. Madre Clélia é assim, e também desta vez tem as suas razões. Está inscrito no seu caráter decidir, sem medo, e sem olhar para trás. Durante a viagem no trem as duas mulheres não falam muito, somente o necessário. Irmã Elisa se entretém com a família que ocupa a cabine, mais para fazer passar um pouco do tempo. A Fundadora escuta, olha, sorri ao menino que viaja com papai e mamãe, mas não consegue deixar-se envolver completamente.

Os pensamentos noturnos não desapareceram e reaparecem com todas as consequentes perguntas. Além disso, terá que rever Bianchina, que ainda ocupa a casa do pai. Isso é difícil de suportar com benevolência. Então, reza em silêncio ao Senhor para que lhe conceda ser mais misericordiosa nos seus confrontos, para que ilumine as suas decisões.

Cada vez que vê Bianchina não pode deixar de pensar na boa madrinha, a segunda mulher do pai, distanciada por sua culpa. Um fato que mudou a sua vida, em pleno crescimento, influenciando alguns aspectos do scu caráter.

A vocação, então, a fez deixar tudo para trás, dando-lhe aquela confiança na Providência e aquela Graça que todos reconhecemos.

"Eu deveria escrever uma fábula com o título: *A boa madrinha*. Seria uma ideia interessante!", esse é o pensamento que ocupa sua mente durante a viagem. Uma linda história para entreter as suas meninas. Agora, porém, deve enfrentar Bianchina e é a única coisa sobre a qual deve se concentrar. A viagem para Sanremo desta vez parece mais curta que de costume.

Hora de encontrar um cocheiro disponível em frente à estação e finalmente estar em casa, por assim dizer. A ausência do pai a torna aborrecida.

– Não entendi o verdadeiro motivo de estarmos aqui. – Confidencia irmã Elisa na carruagem que as leva ao destino.

– Eu também não sei. Não consigo te explicar bem com palavras.

– Então, estamos bem. Digamos que viemos fazer um passeio, porque temos pouco para fazer! – Diz irmã Elisa sorrindo.

– Espero muito que seja assim. Se tudo estiver em ordem, te prometo que iremos dar dois passos no mar.

Com esta brincadeira que torna leve o momento, chegam finalmente ao destino, ambas desejosas de resolver o enigma. Infelizmente, a surpresa excede as expectativas. Bianchina, apenas as vê na soleira da porta, joga sobre elas uma série de palavras mais ou menos desordenadas, que denunciam sua grande agitação.

– Não sei por onde começar... Estou preocupadíssima, o mundo caiu sobre mim! Estava por mandar-vos um telegrama urgente. Vocês se anteciparam, porque aqui não se compreende mais nada!

Madre Clélia olha para ela e depois para Irmã Elisa, na esperança de *não ouvir aquilo que teme*.

– Padre Leoni desapareceu. Ele devia ter vindo alguns dias atrás. A última vez que o vi estava perfeitamente normal, tudo parecia estar bem. Agora ninguém consegue ter notícias dele. Desligou-se também de sua paróquia.

Madre Clélia se esforça para anotar essas palavras sem revelar algumas suspeitas.

– Você está me dizendo que não há vestígios dele, há alguns dias? Ele não deixou dito nada a ninguém? Tudo isso me parece absurdo.

Essas palavras chegam aos ouvidos de Bianchina como uma censura imerecida, de modo a obrigá-la a defender-se, levantando a voz.

– Vocês devem acreditar em mim! Isso é tudo que eu sei! Eu também estou muito preocupada.

Efetivamente, esse desaparecimento pode acarretar danos também para ela. Irmã Elisa, até agora um pouco afastada, é como uma panela de pressão prestes a estourar. Está parada, como uma estátua e aguarda o momento propício para explodir toda a sua indignação.

– Não acredito!!! Você entende isso? Eu não posso acreditar! Mas como é possível? Como você explica uma coisa dessas? Nós somos todos loucos? Uma pessoa desaparece de um dia para o outro e ninguém sabe nada sobre isso! Mas vamos lá, isso não se sustenta!

Nela há muita raiva de Bianchina, senão por outra coisa, por não ter avisado em tempo, por não ter sido rápida em comunicar como e quando essa fuga aconteceu. A desconfiança é clara: estará realmente dizendo toda a verdade?

– É realmente tudo que sei. Padre Leoni desapareceu, evaporou, sem deixar vestígios! Algo inexplicável.

– Ou tudo isso pode ser muito explicável. Você soube algo do banco?

– Recebi uma notificação. Nos últimos dias, ele fez umas operações estranhas. Mas ele tinha plenos poderes sobre as contas?

Madre Clélia fica séria.

– Infelizmente, sim!

– Talvez ele também tivesse cúmplices... Irmã Elisa não consegue mais se segurar, mas impotente, senta-se no sofá quase a desmaiar.

– Estamos arruinadas... O que podemos fazer?

– Irmã Elisa, por favor, vamos manter a calma. É momento de manter os nervos sadios.

Madre Clélia tenta ser forte sozinha, porque neste momento ninguém pode apoiá-la. Pensa que isso tudo é realmente um absurdo e volta à dúvida inicial.

– Mas para onde Padre Leoni pode ter fugido?

– Não sei... Muitos o estão procurando.

– E quem o procura ainda?

– Ontem eles vieram também aqui – continua Bianchina – e vocês tinham que ver a cara deles. Certamente eram credores, faziam muitas perguntas, queriam saber e insistiam... Receio também por esta casa! Quem sabe que confusão ele fez?

Bianchina dá a compreender que também ela corre o risco de ficar na rua por causa do golpe do padre fugitivo. As premissas pressagiam um verdadeiro roubo perpetrado com cuidado, com a astúcia de um furto profissional. Irmã Elisa cobre o rosto com as mãos e lhe vêm à mente todos os momentos em que discutiu com a Fundadora sobre a gestão do patrimônio. Foi ela quem insistiu pela escolha de Padre Leoni, e agora se sente responsável por uma decisão que pode virar a vida do Instituto de cabeça pra baixo.

– E eu que pensei que era a solução certa... Não faz sentido... Neste momento é melhor um maçom honesto que um padre vagabundo! Quem poderia prever isso? Se é assim, que ninguém sabe nada, estamos diante de dois caminhos possíveis: ou Padre Leoni enlouqueceu ou estamos lidando com um grande criminoso!

– Talvez ele tenha fugido para a França. Daqui é a coisa mais simples, e receio que ele tenha levado tudo o que podia. – Acrescenta Bianchina.

Difícil de aceitar. Tudo está até muito claro. Irmã Elisa quer falar pessoalmente com a Madre.

– Você, Bianchina, deixe-nos sós!

– Se vocês quiserem, trago alguma coisa...

– Deixe-nos sós!

Palavras que chegam como uma lâmina afiada para Bianchina que, abaixando a cabeça, se dirige à saída da sala.

– Não suportava mais tê-la diante dos olhos!

– Peço-te, irmã Elisa, que se aclame, tudo continua como antes.

– Mas estamos arruinadas! Todos os nossos projetos, nossos órfãos, nossos anciãos, nossas casas...

Madre Clélia aproxima-se da coirmã e senta-se recuperando, inesperadamente, força e confiança.

– Mas somos muito mais do que tudo isso.

– O que devo te dizer? Estamos falidas! Não há mais esperança!

– Coragem, Irmã Elisa, coragem! – Madre Clélia tira do bolso a estampa gasta do Sagrado Coração – O Coração de Jesus deve ser tudo para nós... tudo! Não pode terminar assim!!! Devemos ter confiança n'Ele!

100 CORAÇÕES

Irmã Elisa toma entre as mãos aquele pequeno papel que, na sua fragilidade, pode verdadeiramente conter o sofrimento. Parece impossível... Olham-se em silêncio. É fácil ter fé quando tudo está bem. Por outro lado, quando grandes obstáculos são enfrentados é que acontece a verificação da força das próprias convicções. É preciso experimentar, provar as dificuldades repentinas. A resposta nos dirá quem realmente somos e, sobretudo, no que acreditamos.

– Então, vamos começar daqui! Não há mais nada a dizer.

Madre Clélia compreendeu tudo.

CAPÍTULO 11

O exercício do perdão

Nos dias sucessivos à viagem a Sanremo se esclareceram melhor os contornos de um acontecimento com traços romanescos, se não fosse a pura e evidente realidade. Padre Clemente Leoni verdadeiramente fugiu para a França. Uma fuga premeditada e programada que lhe permitiu levar consigo a maior parte dos bens que constituíam a herança do pai de Madre Clélia.

Para as Apóstolas de Viareggio esse é um golpe duro e imprevisto que as submete a uma grandíssima prova: a manutenção das estruturas já encaminhadas. Sendo bem claros, a falência está logo na próxima esquina. As irmãs estão alarmadas e algumas, sentindo as dificuldades, pensam em retornar à casa de suas famílias.

Grande preocupação atinge também as pessoas mais próximas a Madre Clélia, com matizes diversos.

Irmã Giuseppina tem grande confiança na Providência e sente-se capaz de sustentar Madre Clélia, encorajando-a e procurando sempre os aspectos que possam comunicar esperança e fé no futuro.

Irmã Elisa, ao contrário, tem momentos de grande preocupação que comunica à comunidade, aumentando a tensão coletiva.

Não é um bom momento. Respira-se um medo suspenso, irracional, nos confrontos de um horizonte futuro que subitamente se fechou. Também Irmã Marcellina está preocupada, e é natural para ela conversar sobre a situação com as coirmãs. Caminha no pátio da casa de Viareggio com irmã Gesuína, que lhe confia as suas perplexidades.

– Tenho medo de que não nos digam tudo o que aconteceu, mas compreendo querem nos proteger, que é para o nosso bem.

– Você viu como Madre Clélia se fechou? Ela procura mostrar-se a mesma, como sempre, mas é claro que está sofrendo muito.

– Queria muito falar com ela. Sinto falta dos momentos de confronto, de confidência com ela.

Irmã Marcellina quer tomar a iniciativa.

– Eu vou. Sim, decidi fazê-lo enquanto está na sala do piano.

– Mas assim interrompes o seu único momento de distração.

– Não importa! Quero esclarecer as coisas. Não se pode perder tempo.

Enquanto isso, elas se dirigem para o pátio, atraídas por uma suave melodia.

– Pronto! Você ouve a música? Este é o momento certo!

Irmã Marcellina caminha confiante em direção à sala. Escuta por alguns momentos e então decide comunicar sua presença.

– Madre, posso lhe falar um momento?

– Venha, Irmã Marcellina! Sente-se aqui!

A jovem religiosa se aproxima, enquanto a Fundadora interrompe sua música, afastando-se do piano.

– Madre, queria dizer-lhe que, nestes dias, todas nós a vemos muito pesarosa. Não é mais a mesma.

– O que devo dizer-te? Quando há tempestade, eu me refugio no Sagrado Coração de Jesus e no piano! São dois bons remédios, mas o mais importante é o primeiro!

– Mas gostaria de entender melhor. Há notícias preocupantes. Penso que é certo encontrar algumas soluções.

Madre Clélia olha para a irmã com amor e com muita ternura responde com a única palavra que para ela é fundamental.

O EXERCÍCIO DO PERDÃO

– Oração! Precisamos rezar muito. O Senhor deve nos iluminar a estrada.

Irmã Marcellina compreende a profundidade da Madre, mas para o seu espírito pragmático é inato querer encontrar soluções concretas.

– Mas temos que nos ocupar. Entendo que estamos com problemas e temos que decidir como nos sustentar. Então, vamos dividir os serviços da casa, comecemos a pedir esmolas, estabeleceremos turnos entre nós.

Madre Clélia interrompe a lista bem detalhada, tentando tranquilizar a sua interlocutora.

– Escuta-me, não te agites. É verdade, posso te confirmar: nada pode ser como antes e muitas coisas devem mudar.

Irmã Marcellina gostaria de mais informações.

– Mas não sabemos mais nada sobre esse Padre Leoni? Ele fugiu? Onde foi parar? Roubou tudo e desapareceu?

Madre Clélia consente sem dizer mais nada. Um gesto que muda o humor da irmã.

– Mas não é possível! Este padre é um criminoso! Devemos procurá-lo, denunciá-lo, não se pode ficar impassível diante de um golpe desse gênero!

– Por favor, acalma-te! – Insiste Madre Clélia, mas Irmã Marcellina retruca:

– Não me acalmo por nada! Cruzamos com um hipócrita, um fugitivo de prisão!

– Chega! Terminemos com estes discursos, já chega! – Replica séria a Fundadora. – Diga-me, para que servem estas palavras? Chegou o momento de demonstrar quem somos. Quem somos verdadeiramente? É a hora de viver o Evangelho, de colocá-lo em prática e, sobretudo, de PERDOAR!

Esta última palavra chega fortemente ao coração de Irmã Marcellina, que reencontra uma inesperada tranquilidade e conscientização.

– Desculpe-me, Madre, mas dentro de mim há muita raiva.
– Sabes que isto não é bom. Não é um sentimento que vem de Deus. Peço-te que vá à diocese e retirar os nossos documentos para a aprovação das Constituições. Não teremos nunca uma resposta. Não podemos entrar em desespero, se esta porta se fecha, outra se abrirá... E aconselho: não percamos a confiança na Providência!

Irmã Marcellina olha a Madre e procura ficar em paz consigo mesma e com o mundo. Não tem sentido cultivar sentimentos de rancor para com pessoas ou situações adversas.

– De acordo, compreendi. Procurarei refletir.
– E rezar! – Acrescenta Madre Clélia.

A oração é o centro ao redor do qual giram todas as decisões; não existem outros caminhos. Somente rezando pode-se dar um sentido ao que aconteceu para conseguir perdoar e reencontrar a paz interior.

A palavra *perdão* fez com que a conversa fosse retomada. Um termo frequentemente usado de forma abusiva, mas que esconde um significado difícil de entender e de colocar em prática. É a verdadeira novidade do cristianismo, aquilo que o diferencia das outras religiões. Jesus Cristo nos ensinou a perdoar no momento mais difícil de sua vida, sobre a cruz. As suas palavras nos dizem ainda: "Pai, perdoa-lhes porque não sabem aquilo que fazem".

Esta é a estrada mestra, e Madre Clélia o sabe muito bem. Sem perdão não tem sentido prosseguir na missão que ela e suas companheiras iniciaram em Viareggio. Tudo tem sentido quando do se vive o perdão em cada gesto e, sobretudo, nos momentos mais difíceis como este.

CAPÍTULO 12

Da teoria à prática

Qual é o limite entre a teoria e a prática? Existe uma linha de demarcação que cada um pode fixar na sua mente? É sempre muito fácil exprimir bons propósitos em palavras. A vida com frequência nos surpreende e nos constrange a fazer cálculos com as nossas convicções verbais que devem tornar-se gestos, ações e decisões.

Falar de perdão, por exemplo, é muito fácil se tudo for apenas um exercício lexical. Se, ao contrário, encontramo-nos em necessidade de fazer as contas com a realidade, perdoar pode parecer um caminho íngreme, impossível de percorrer.

A sala onde Madre Clélia e Irmã Marcellina conversam sobre esse assunto torna-se, de repente, um laboratório para se experimentar convicções adquiridas. Um palco sobre o qual se deve desempenhar o seu papel, sem fingimento.

A chegada de Padre Luigi Gelmini muda o clima da conversa e, ao mesmo tempo, obriga a um confronto em que é preciso aplicar as boas intenções antes expressas.

– Desculpe, Madre, mas preciso falar-lhe um momento.

– Certo, Padre Luigi, diga-me tudo!

Padre Luigi deixa perceber que a presença de Irmã Marcellina é demais para ele!

– Eu preferiria uma conversa reservada. – Diz.

A resposta de Madre Clélia é lapidar, franca, sem nenhum filtro ditado pelas boas maneiras.

– Por favor, sente-se, pode falar tranquilamente. Eu não tenho segredos e não vejo por que você deveria ter algum!

Padre Gelmini não pode replicar a este convite informal com o sabor da verdade e da transparência. Irmã Marcellina, mesmo que um pouco envergonhada, permanece na sala a mando de Madre Clélia, que tem o desejo de partilhar as escolhas realizadas na sua comunidade.

– Veja, Madre... – inicia Padre Gelmini com um tom resignado e embaraçado – há muita agitação em casa. Direi melhor, há confusão. Chegam notícias horríveis. Esta é uma barca que, infelizmente, tem água de todos os lados.

O sacerdote não levanta os olhos, tem dificuldade de encontrar o olhar de Madre Clélia que o observa com ternura, como uma mãe que sabe perfeitamente o que quer dizer-lhe o filho.

– Chegam notícias terríveis. Algumas irmãs pensam em deixar tudo. Alguns dizem que pode também acabar a Congregação.

– Vejo que estás bem informado! Compreendo bem as tuas palavras, mas eu tenho somente uma pergunta: E tu, Padre Luigi, o que pretendes fazer?

– Eu... Eu estou refletindo...

– Bom, muito bom... Refletir sempre faz muito bem. Como vê, não lhe peço outras explicações sobre seus planos alternativos que dizem respeito a esta casa. Já abandonou os seus projetos?

– Madre, por favor...

– Não existe nenhum rancor em mim, já perdoei. Diga-me somente a Verdade!

Padre Gelmini, depois dessa última fala, adquire um pouco de segurança no tom de voz.

– Então, Madre, digo-lhe que a minha pessoa certamente é um peso. É tempo de voltar para o lugar de onde parti, Como, cidade que a senhora conhece muito bem.

– Se é isto que pensou...

Um suspiro profundo acompanha as palavras da Fundadora, que olha Irmã Marcellina à procura de aprovação. Depois de concluída a conversa na sacristia, não houve ilusão sobre a presença de Padre Gelmini em sua casa. A relação de confiança diminuiu e nunca se esclareceu nas semanas sucessivas. O capelão viveu os últimos tempos de modo quase impalpável, em um limbo difícil de interpretar. Ele nunca admitiu as suas responsabilidades, e tudo prosseguiu numa "calma superficial" que não poderia ser duradoura. Mas Madre Clélia o perdoou. A gota que fez transbordar o vaso foi a imprevista crise econômica, que obrigou o padre, assustado pela restrição de vida, a tomar uma decisão.

– Não vejo muitas soluções, Madre. Podemos pedir esmolas, implorar, mas talvez não baste!

– Claro, Padre Gelmini! Quando os celeiros estão cheios, as convicções não vacilam. Ficamos todos orgulhosos de nossas escolhas. Quando chega a tempestade, cada um de nós mostra o seu lado mais frágil.

– Mas agora é uma batalha perdida!

– Não nascemos para vencer, mas sim para amar!

– Sei o que pensa Madre, a senhora me vê como um traidor.

– Compreendo as suas palavras, mas eu o vejo como um chamado à coerência. A sua fragilidade é um grande ensinamento para todas nós... Às vezes somos tentadas a trair, não esqueçamos nunca, irmã Marcellina! – Sublinha a Fundadora olhando a coirmã – Estes discursos são uma grande lição também para o futuro!

– Vou levar isso em conta, Madre, eu prometo. – Acrescenta Irmã Marcellina, muito impressionada com um diálogo ao qual ela nunca imaginou assistir.

Padre Gelmini, entretanto, não para de levantar todas as dificuldades:

— Mas a senhora viu os credores que estão batendo em nossas portas?

— Obrigada por dizer "nossas". Significa que o senhor ainda se sente um dos nossos!

— Mas assim não se pode ir para frente!

Madre Clélia olha intensamente o sacerdote, como se quisesse transmitir-lhe forças só com as palavras.

— A coragem, Padre Luigi... A coragem! Não me abalo por uma tempestade. Já vivi tantas na vida e, graças ao Senhor, sempre me reergui. São muito fáceis as estradas em descida. Não foram nunca as minhas. É preciso coragem!

— Mas o que tem a ver a coragem em uma situação sem saída, como esta?

— Tem a ver... Tem muito a ver sempre! Mantenho um grande respeito pelo senhor, porque em um dia de sua vida respondeu a um chamado, disse sim e se entregou totalmente ao Senhor. Aquele instante é sagrado e todos devem reconhecê-lo. O senhor é sacerdote, compreende quanto bem, quanta providência, quanta fé pode transmitir? Mas é um ser humano igual a todos, com as suas fragilidades, também é possível que, no instante em que escolheu a estrada estreita, tenha vivido um momento altíssimo de contato com Deus que poucos podem narrar. Com o tempo, quando estamos imersos no mundo, existe o risco de nos misturarmos ao mundo e às suas comodidades. Imagine que eu cruzei com um sacerdote que me roubou tudo e fugiu. O que devo dizer? Não, Padre Luigi, não estou assombrada com os seus comportamentos... Acredite!

Padre Gelmini empalidece.

— Madre, a senhora está insinuando... A senhora me compara a Padre Leoni?

– Não, nenhuma comparação. Precisamos refletir juntos. Devemos nos ajudar, tenho simples pensamentos. Eu te perdoo, Padre Gelmini, por tudo quanto fizeste e, sobretudo, por aquilo que não fizeste! Bom retorno a Como!

O sacerdote não profere mais nenhuma palavra e, como um robô, se levanta ganhando a saída.

Irmã Marcellina rompe o silêncio.

– Madre, talvez a senhora tenha exagerado...
– Recorda-te que a Fé acompanhada pela Coragem te faz sempre dizer a Verdade sem exagerar. Sempre!

Com a mão, Madre Clélia aperta o crucifixo que leva no peito, como se quisesse reencontrar novas forças. E Irmã Marcellina imita instintivamente o seu gesto.

CAPÍTULO 13

Uma coleta milagrosa?

Depois da fuga de Padre Clemente Leoni para a França, com o passar de poucos meses o Instituto vive uma verdadeira e real falência econômica. A solidez financeira adquirida exclusivamente da herança do pai de Madre Clélia dissolveu-se deixando um vazio que parece impossível preencher. A Fundadora procura de todos os modos infundir esperança e confiança na Providência também quando começam a faltar os recursos para responder às exigências primárias, tudo se complica.

Para ser franco, quando não se tem dinheiro para comer, todo sermão fica em segundo plano. Madre Clélia começa a anotar os nomes das irmãs que lhe pedem para retornar à família. Uma reação que não lhe provoca particular espanto.

– É normal que quando a casa pega fogo, nem todas as pessoas pegam baldes e água para apagar o fogo. Muitos, ao contrário, fogem para salvar a si mesmos.

É o que acontece também em Viareggio. As dificuldades são uma espécie de grande peneira que retém apenas quem está disposto a dar tudo para salvar a Família Religiosa e a própria Vocação. A mendicância é uma resposta de emergência. Precisam se organizar para recolher tudo o que as pessoas estão dispostas a dar para atender às necessidades das irmãs, das meninas órfãs e dos idosos acolhidos na estrutura existente.

À frente daqueles que abandonam o barco no meio da tempestade, há os que se ocupam em todos os sentidos, sem nunca se cansar.

– Organizamo-nos em grupos de duas e saímos não só para as ruas de Viareggio, mas também para as cidades vizinhas, chegando até mesmo às cidades mais distantes.

Madre Clélia, a cada dia, tenta encorajar suas coirmãs, para que não se sintam sós. Um dos momentos mais delicados é aquele do retorno à casa, à noite. Há quem esteja cansada, mas feliz por aquilo que pôde recolher, e quem, ao contrário, está triste por tanta energia dispersada para um resultado abaixo das expectativas. A Madre tem uma palavra para todas.

– Força! Bem-vindas de volta! Vocês estão cansadas, irmãs.

– Obrigada, Madre! Cansadas, mas felizes! – Responde Irmã Maria, arrastando um saco cheio de farinha.

– Tudo pelo Coração de Jesus! Não se esqueçam disso!

É uma frase que ela repete com frequência, à porta, quando as irmãs vão e vêm com os braços carregados com as frutas colhidas no percurso do dia. A moral coletiva está alta, um sinal de que as coisas nesta tarde não foram mal e de que as pessoas foram particularmente generosas. Mas será suficiente?

Essa é a pergunta que a Irmã Elisa se faz, não muito indo longe porque não se deixa levar pelo entusiasmo. Por caráter, é uma pessoa que encontra problemas também onde não há. Nesse caso, ela não precisa fazer grandes esforços e a garrafa meio cheia ou meio vazia já está quebrada para ela!

– Com licença, Madre, só um momento. – Diz Irmã Elisa ao se aproximar – Estou muito preocupada porque a situação está piorando.

– Mas temos que confiar, não nos assustemos e vamos avante!

UMA COLETA MILAGROSA?

Irmã Elisa não vê a hora de falar de suas dúvidas, também não sabe se escolheu o momento errado. Madre Clélia não precisa assumir mais preocupações no final de um dia cansativo.

– A senhora sabe que logo teremos que sair da casa por causa das dívidas? Já é triste ver as irmãs que se despedem para voltar à família. Não sei mais o que dizer.

– É preciso fé, querida Irmã Elisa, e também humildade, muita humildade. Você quer fazer-se santa?

Madre Clélia recorda os valores fundamentais que caracterizam a vocação. O chamado à santidade não é pura teoria, mas empenho quotidiano e promessa que deve dar força nos momentos de crise.

– Gostaria de ser santa – responde Irmã Elisa – mas aqui está desabando tudo. Não nos resta mais nada, falta o essencial.

– E o que é o essencial? Quer me explicar? O que quer dizer para nós concretamente? É só fidelidade ao Coração de Jesus, e nada mais! O resto não conta. Então, não te preocupes. Confia!

– E as meninas?

– O Senhor não as abandonará, tenho certeza. Elas são as prediletas do Senhor. Se trabalhamos para o bem delas, o Senhor não nos deixará sozinhas, encontraremos uma solução. Não devemos desesperar. Nunca!

Irmã Elisa não consegue ter um olhar que vá além dos seus medos e continua em meio às idas e vindas das irmãs que não param de organizar os frutos de sua mendicância. A lista dos problemas ainda não está terminada.

– Ouvi falar do Padre Gelmini. Ele voltou para Como.

– E isto a espanta?

– Você nunca confiou muito nele.

– Talvez seja o contrário... Foi ele quem nunca mereceu confiança. Sempre o confrontei com franqueza, sem esconder minhas reservas. Ele tinha projetos diferentes que surgiram de modo inesperado.

– No entanto, todos estão nos abandonando, e os únicos que nos cercam são os credores! Eu não sei nem mais o que devo responder...

– Veja, querida irmã Elisa, nas dificuldades você se conhece melhor a si mesma e aos outros. Também, no caso de Padre Gelmini, por exemplo, pudemos conhecê-lo. Mas isso é água passada!

– Não tenho mais palavras! – Suspira Irmã Elisa.

– Às vezes é melhor calar. Muito melhor! Fique longe a tristeza, cuidemos para não sermos tristes!

Com estas palavras as duas mulheres se unem à Irmã Marcellina, que chega com muita pressa, acenando com um envelope que segura entre as mãos. Sorri e mal pode esperar para anunciar sua bela notícia.

– Madre! Madre! Chegou um telegrama da minha irmã, Irmã Nazarena. Leia, por favor.

Madre Clélia abre o envelope e lê o recado:

– *Encontramos o Bispo de Piacenza, Monsenhor Scalabrini. Ponto. Ele deseja ver Madre Clélia o mais rápido possível. Ponto.*

– Você viu, Irmã Elisa? Nunca perca a esperança! Fé... Só é preciso muita Fé. E agora vamos ao Bispo!

Irmã Elisa redescobre seu desejo de colaborar.

– Vamos nos ocupar, então, e não percamos tempo!

Um telegrama pode iluminar uma noite muito escura, mesmo se não se sabe nada de específico. Uma porta está se abrindo, vale a pena tentar atravessá-la.

Com seu jeito determinado, Irmã Elisa retoma a organização das doações. Organiza materiais, cestas, sacos de farinha, fazendo alavancar a coragem que a caracteriza. Uma pequena chama acaba de se acender.

As Apóstolas de Viareggio podem ir dormir sabendo que também amanhã o sol nascerá.

CAPÍTULO 14

O encontro

Na vida de cada um existem situações que podem retornar. Frequentemente imprevisíveis e surpreendentes, assinalam um novo início e nos fazem retomar a marcha para iniciar uma nova página a ser escrita. É o que acontece com Madre Clélia Merloni. Aos trinta e oito anos teve que confiar novamente na Providência que, neste caso, tem nome e sobrenome: Dom Giovanni Battista Scalabrini, bispo de Piacenza. Ela já ouviu falar dele como um homem muito sensível às novas emergências sociais, em particular ligadas ao fenômeno migratório.

Entra no bispado com o coração cheio de esperança. O que quererá lhe dizer o bispo? Por que a urgência deste colóquio? A resposta é iminente. O tempo de conhecê-la é o de atravessar a antecâmara do escritório episcopal, acompanhada pelo secretário que lhe abre a porta. Dom Scalabrini a acolhe com um grande sorriso, carregado de humanidade.

– Bom dia, Madre, por favor se acomode.

– Obrigada, Excelência, sinto-me honrada pelo seu convite.

– Encontrei uma de suas irmãs, se me lembro bem, chama-se... Irmã Nazarena. Ela me falou sobre as dificuldades pelas quais estão passando. Sinto muito por essas dificuldades.

Madre Clélia sente-se acolhida e inicia um longo discurso no qual tenta resumir sua história, demorando-se em particular sobre os últimos acontecimentos que condicionaram a vida no convento de Viareggio. Tenta não esquecer nada, entrando em detalhes a fim de oferecer a imagem clara de uma situação muito complicada. O Bispo escuta com um olhar atento e participativo. A sua expressão é também sinal de participação dos sofrimentos que são descritos de modo analítico. Uma espécie de confissão que Madre Clélia sente que pode fazer, inspirada pela atitude paterna de Dom Scalabrini.

– Obrigado, Madre, por essas confidências.

– Claro, esta é uma história atormentada. Difícil defini-la, mas entendi que posso confiar no senhor, Excelência. Sinto-me livre e não tenho nada a esconder.

Dom Scalabrini fica mais sério.

– Veja. Vivemos tempos difíceis. Sou muito sensível às novas pobrezas. Ainda me lembro, em Milão, na estação ferroviária, vários anos atrás, quando vi uma cena que me despertou uma profunda tristeza. O salão, as arcadas, a praça, eram cheios de centenas de pobres, velhos, homens, mulheres, crianças, que tinham em seus rostos os sinais de privações e cansaços que os atormentavam. A única coisa que os unia era uma meta comum: eram imigrantes.

O olhar de Dom Scalabrini vai além dos olhos de Madre Clélia e vagueia longe. Intui-se que está revivendo aquela imagem que o perturbou. Madre Clélia percebe que está diante de um homem de sensibilidade incomum.

– Existem muitas dificuldades econômicas, Excelência, as pessoas têm fome, não conseguem sobreviver. Aí elas não têm outra solução além de fugir, fugir para longe, deixar a própria terra.

O rosto de Dom Scalabrini se ilumina com essas palavras.

– Mas as dificuldades econômicas podem nos paralisar? Elas podem apagar nossas esperanças?

– Nunca! Não podemos permitir isso. Eu não paro na frente da pobreza material!

– E faz bem! Sabe quantos italianos sonham com a América para ganhar um salário? Eles não têm escolha: roubar ou emigrar... E nós? Podemos ficar parados? Vamos segui-los, acompanhá-los... Sinto que tenho que fazer algo por eles.

– Excelência, se eu pudesse, também os seguiria! – Retruca a Madre cheia do entusiasmo transmitido por Dom Scalabrini.

– Poderia, Madre. Por que não fazer isso? Eu teria mesmo necessidade de mulheres consagradas para acompanhar os meus Missionários de São Carlos nas Américas. O que pensa?

– A este ponto me deixo guiar. Quantas seriam necessárias?

– Cinco seriam o suficiente para mim. É o suficiente. Para as outras, por enquanto, eu recomendaria Alexandria, é uma bela diocese por onde começar de novo. Mais à frente lhe explicarei melhor. Mas a senhora quer mesmo ir para a América?

– Boa pergunta! – Com o coração, Madre Clélia está prestes a dizer, sim. Mas não segue apenas o coração e a resposta é diferente.

– No momento, não! Tenho que acompanhar as minhas Apóstolas.

– Deixe-se inspirar. Tenho pensado muito na emigração. Não temos que olhar para isso como uma tragédia. As sementes emigram nas asas dos ventos, as plantas emigram de continente em continente, levadas pelas correntes das águas. Emigram as aves e os animais, e, mais que todos, emigra o homem, em forma coletiva ou individual, mas sempre como instrumento daquela Providência que guia os destinos humanos em direção à meta que é o aperfeiçoamento do homem sobre a terra e a Glória de Deus nos céus.

Madre Clélia está fascinada por este homem que tem uma visão de mundo tão inspirada e evangélica. Verdadeiramente há necessidade de confrontar-se com pessoas que voam alto e não se deixam esmagar pelas preocupações. Depois de tanto sofrimento com os sacerdotes, faz as pazes consigo mesma e entende que não é necessário perder a fé.

– De acordo! Eu confio no senhor, Excelência! – Ela se levanta, seguida pelo bispo e beija seu anel pastoral.

– A senhora é muito boa, Madre. Deve confiar somente no Senhor!

– Certamente! Hoje recebi uma resposta clara. Agradeço muito, Excelência!

Dom Scalabrini, com um amplo gesto dá a sua bênção a Madre Clélia, acompanhado de um sorriso de encorajamento.

– O Senhor a abençoe!

Aquela bênção, aquela serenidade aberta e declarada de Dom Scalabrini foram um raio de sol inesperado. Madre Clélia sai da sala episcopal como se tivesse asas nos pés. Tudo tem um sabor diferente. Ela gostaria que todas as irmãs estivessem lá para compartilhar a felicidade que ela mal podia conter.

Gostaria de começar a dançar, mas se detém porque ninguém entenderia. Só há uma coisa que pode dizer e que resume tudo o que pensa. Pronuncia baixinho para si mesma, mas gostaria de gritar para o mundo inteiro: *Deo gratias! Demos graças a Deus!*

CAPÍTULO 15

Compreender-se

O diálogo entre Madre Clélia e Dom Scalabrini, iniciado naquele dia, continua nas semanas sucessivas com intensidade, cruzando pensamentos, projetos e esperanças. Sem dúvida, Madre Clélia encontrou no bispo de Piacenza uma rocha segura para delinear o caminho futuro da sua congregação. É muito grata, mas nem por isso se curva a todas as decisões que lhe são sugeridas.

A Fundadora desde sempre mantém a característica principal de sua personalidade: dizer sempre o que pensa e defender suas convicções, sem buscar demasiadas mediações ou recuar. Neste caso, é natural que Dom Scalabrini e Madre Clélia nem sempre tenham a mesma visão e trabalhem para construir seus projetos que amadureceram segundo as inspirações de cada um. No entanto, a Fundadora está convencida de que pode confrontá-lo de igual para igual. Mas isso não é fácil, por várias razões.

Em **primeiro lugar**, estamos no final do século XIX, período em que a mulher deve ficar sempre um passo atrás do homem em todos os campos. Em **segundo lugar**, aqui estamos lidando com uma mulher que se confronta com um bispo, que representa uma autoridade eclesial. **Como último aspecto**, Dom Scalabrini sustentou a congregação de Madre Clélia, evitando a falência econômica. É natural, por consequência, que seu pensamento possa ter um peso específico diferente diante das decisões a serem tomadas.

Mas essas três razões não são suficientes. Madre Clélia acaba de escrever uma carta para o seu bispo e deseja conversar com duas de suas coirmãs: Irmã Giuseppina e Irmã Marcellina.

– Venham, chamei vocês para ler algo importante.

– Há alguma novidade? Eu a vejo preocupada. – Diz Irmã Marcellina enquanto vai sentar-se.

– Nada de especial, mas temos que ter cuidado.

– Há algum problema? – Pergunta Irmã Giuseppina, sempre muito atenta ao estado de espírito da Madre, que lhe responde com serenidade.

– Para mim, querer mudar o nome de nossa família é um problema. Por isso resolvi escrever.

Irmã Marcellina fica curiosa.

– E como devemos nos chamar?

– Não entendi bem... Talvez Missionárias de São Carlos...

Irmã Giuseppina reage em perfeita sintonia com a Madre.

– Não! É inaceitável! Somos e continuamos sendo Apóstolas do Sagrado Coração de Jesus.

A essa altura Madre Clélia põe os óculos e começa a ler:

– *Deixar o título de Apóstolas do Sagrado Coração para assumir algum outro não está de acordo com o trabalho iniciado e pelo qual sacrifiquei saúde, reputação e todo o meu patrimônio, mas seria destruí-lo para fundar outro.*

Tudo quanto Vossa Excelência pudesse exigir de mim, eu o faria com ajuda divina, submetendo-me, como é dever sagrado de uma filha obedecer a seu superior. Mas ter que me submeter para sempre à destruição do Instituto que fundei, que me custou tantas lágrimas, privações, perseguições de todo o tipo... Ah! Isso confesso francamente ser algo que não considero.

Chamem-nos de Pequenas Apóstolas do Sagrado Coração, de Mínimas, o que quer que o senhor acredite, mas mudar...

Disseram-me que um teólogo achou que esse nome é inadequado para mulheres. Duvido que Vossa Excelência queira retirar o título do nosso Instituto por causa dos rumores e perseguições a que fui submetida.

Então, senhor Bispo, se esse for o motivo, estou pronta, desde hoje, a renunciar para sempre a pertencer ao Instituto das Irmãs Apóstolas do Sagrado Coração de Jesus antes de vê-lo destruído.

Madre Clélia levanta os olhos da folha.
– O que vocês me dizem?
Irmã Giuseppina é a primeira a responder.
– Está perfeito! Muito claro, como sempre.
Irmã Marcellina é de opinião diferente.
– Um momento, é preciso estarmos atentas. Na minha opinião, Sua Excelência sabe o que é bom e o que não é... Deixemo-nos guiar!
– Mas isso não significa distorcer as origens e o próprio carisma. – Responde Madre Clélia.
– Escute, Madre, quando alguém encontra a Providência, deve confiar.
– Mas confiar não significa aceitar tudo, sem manter firmes os princípios que nos guiam.
Irmã Marcellina não desiste.
– Talvez o problema esteja precisamente na palavra Apóstolas. Sua excelência quer que reflitamos sobre algo mais adequado para nós, mais feminino!
O último termo tem um valor provocativo para suas interlocutoras. Madre Clélia é a primeira a reagir.
– O que você quer dizer? Apóstolas é fundamental para nós! Somos mulheres que vivem como apóstolos para se tornarem apóstolas.
– Mas os apóstolos eram todos homens.

Nesse ponto, a irmã Giuseppina intervém com bom humor, para tentar diluir a atmosfera que foi criada.

– Madre, não precisa se preocupar. Irmã Marcellina ainda tem que entender algumas coisas... Tem um longo caminho pela frente.

– A única coisa que ainda preciso entender é que não podemos voltar à falência do passado. Temos que olhar para a vida futura com mais serenidade e não importa se seremos Apóstolas ou Missionárias ou qualquer outro nome que nos derem. A resposta decisiva e resoluta de Ir. Marcellina mostra um temperamento forte, apesar de sua juventude. Madre Clélia redescobre no confronto da coirmã uma maternidade a ser revelada e colocada em prática, que possa colocar junto firmeza, amor e autoridade. Seu tom se torna uma sentença sem apelação que quer ser também um ensinamento para nunca mais esquecer.

– Veja, minha querida Irmã Marcellina, você deve aprender que nem sempre o que é conveniente é certo. As mulheres nem sempre estão erradas e você nem sempre tem que se ajoelhar na frente do poder. E agora vou enviar a carta!

A Fundadora sai com um passo rápido e seguro para sublinhar o poder de suas palavras. Há um limite na partilha fraterna que é o dos princípios basilares sobre os quais foi construída a congregação. Aquele é um limite intransponível e todas devem compreender.

A carta que ela escreveu não pretende ser polêmica ou desrespeitosa contra um Pastor da Igreja. Pelo contrário, é uma maneira franca de expressar sua visão carismática que não pode ser trocada por nada. Ela tem grande estima e admiração por Dom Scalabrini, aprecia sua fé, sensibilidade, a capacidade de ouvir e de se encarregar dos problemas sociais da missão. Está tranquila, mas firme.

Compreender-se, às vezes, em um caminho comum, significa confrontar-se com um olhar aberto, sem medo ou submissão. Isso quer dizer: olhar para frente. Sempre e somente para Verdade.

CAPÍTULO 16

Acalmar as águas

A carta de Madre Clélia ao bispo de Piacenza coloca em evidência um aspecto fundamental. Irmã Marcellina é uma coirmã com visão e sensibilidade que não coincidem sempre com as da Fundadora. Tem também um caráter forte e não teme insistir com as suas razões. A jovem, que a Madre conheceu na sua casa em Monza, cresceu e agora mostra ser uma referência não só para suas três irmãs que a seguiram para o convento, mas, de modo geral, para toda a Família Religiosa.

Madre Clélia não está particularmente preocupada com isso, pelo contrário, fica feliz de ter ao seu lado mulheres com caráter bem definido, que defendem as suas convicções, por isso envolve de bom grado Irmã Marcellina porque sabe que não receberá opiniões fáceis e agradáveis. Ao mesmo tempo não economiza advertência aos valores fundamentais que inspiram o nascimento do carisma das Apóstolas, o que a faz compreender que a pertença ao Instituto pede fidelidade e unidade de intenções. A congregação está vivendo uma nova fase de transição depois da providencial intervenção de Dom Scalabrini que evitou a falência econômica. Apesar disso, a tempestade deixou marcas que ainda precisam ser absorvidas e reparadas. Madre Clélia está muito atenta ao humor de suas Irmãs. Ela as observa em suas expressões faciais que deixam entrever o estado de espírito e revelam o humor vivido no cotidiano. Irmã Elisa, apesar de ser a amiga que a acompanha desde a partida de Como, é a pessoa que mais a preocupa. Ela é propensa a mudanças de humor e a momentos em que transmite preocupação a todas as irmãs que encontra.

No corredor principal do convento, cruza com Maria Bambina, agora Imã Gesuína Viganò, uma das três irmãs de Irmã Marcellina, e a interrompe com suas lamentações.

– Tu és jovem e ainda não compreendeste bem...
– Eu sei, irmã Elisa, infelizmente não tenho a sua experiência.
– Sinto um clima de desorientação. Devemos encontrar o espírito das origens. Eu posso dizer-te porque sei bem o que queríamos no início da fundação.
– De fato, nós olhamos o vosso modelo de vida e procuramos imitar o vosso exemplo.

Irmã Elisa não fica tranquila e deve dizê-lo à sua irmã.

– Eu não sinto mais aquela energia dos inícios... Talvez sejam os problemas econômicos... Mas será que somos assim frágeis?

Irmã Gesuína dá um longo suspiro, não sabendo o que responder.

– Precisa ter tanta paciência. Nós somos jovens, mas é jovem também a nossa Família.
– Será? Eu perdi a paciência faz um bom tempo!

Esta última frase, pronunciada a meia voz, é acolhida por Madre Clélia que se aproximou.

– Porém, a paciência não se deve perder jamais!
– É... são palavras bonitas. Mas e a realidade? Contam somente os fatos!!!

Irmã Elisa imediatamente reitera o seu pensamento olhando para a Fundadora, sem demonstrar o menor medo. Irmã Gesuína se sente sobrando e quer ir embora. Sente-se incapaz de avaliar esses confrontos entre companheiras da viagem da primeira hora.

– Se vocês me permitem, eu devo ir.
– Vai em frente. Não te preocupes.

A Madre tem um tom que expressa ternura por uma nova vocação que deve ser sempre protegida e encorajada. Muda totalmente de atitude quando se volta à sua colega, não só pela idade, mas também pela experiência comum.

– Irmã Elisa, sinto sempre que te lamentas por alguma coisa.
– Você já deveria me conhecer...
– Com certeza te conheço... Mas tu deves encorajar as irmãzinhas mais jovens, não as desanimar! E agora estamos estruturando todas as coisas, temos referências precisas e devemos remar todas na mesma direção, acalmando as águas.
– Não consigo! Certo que precisa remar, mas é preciso guiar a barca na rota certa também na tempestade.
– Tu e eu conhecemos bem a rota certa, sabemos aplacar os ventos e confiar no Coração de Jesus que faz milagres!
– É muito fácil esperar os milagres. Devemos recuperar o espírito das origens e trabalhar duro, sem descanso.
– Assim que eu gosto, irmã Elisa! Tu és incansável, mesmo quando murmuras demais! Pensa nos novos horizontes que se estão abrindo: A América! Não gostarias de partir em viagem? Abrir uma nova Missão?
– Difícil responder assim na hora... Quem sabe? Talvez...
– Tu não deves responder agora. Leva este pensamento em teu coração! Deixa-te surpreender pela Providência!
– Ok! Conversaremos sobre isso!
– Tu verás... Tu verás...

O verbo conjugado no futuro e repetido por Madre Clélia assinala um sulco profundo no coração da Irmã Elisa. Permanece em silêncio a olhá-la enquanto se afasta. Seu horizonte, de repente, se alarga desmedidamente.

A Fundadora alcança Irmã Gesuína para levantar seu ânimo e amenizar as queixas de Irmã Elisa.

– Querida Irmã Gesuína, como vai?

– Vou bem, Madre! Desculpe, mas... Irmã Elisa às vezes me repete que as coisas não vão bem e...

– Mas não penses nisso.

– De acordo! Eu prometo.

– Tu deves concentrar-te sobre o caminho da tua vocação.

– Eu sei, Madre, e rezo sempre pelo meu futuro. Ainda é um pouco nebuloso.

– Recomendo-te um coração sereno e que olhe para frente sem medo!

– Eu farei o melhor!

– E eu te abençoo com Cem Corações.

As palavras são acompanhadas com uma pequena carícia que comove a jovem.

– Obrigada, Madre! Tenho realmente necessidade de sua bênção e dos seus ensinamentos.

Neste momento, a Fundadora não consegue conter uma brincadeira irônica.

– Tu sabes... Se quiseres posso te dar aulas de piano. Mas se desejares aulas de diplomacia, precisas perguntar a tua irmã, Irmã Marcellina. Ela é muito boa!

Um sorriso, às vezes, vale mais do que muitos discursos. Pela ironia passa também o afeto que é fundamental compartilhar no convento. É a verdadeira maneira de superar qualquer tempestade. Acalmar as águas e navegar, sem ansiedade, rumo a um porto seguro.

CAPÍTULO 17

O selo

Madre Clélia é uma mulher que persegue a Verdade. É uma filha obediente da Igreja, mas não se sente inferior a ninguém. Não abaixa a cabeça por índole ou por conveniência. Caminha sempre na mesma direção: na coerência dos valores e dos princípios nos quais crê. O dia 11 de junho de 1900 representa a conquista de uma primeira meta.

Um selo oficial para o seu caminho tão difícil: a Primeira Profissão Religiosa canonicamente reconhecida. O Bispo de Piacenza, Dom Scalabrini, preside o evento tão esperado. Reúne as irmãs no salão do seu bispado, em um clima de festa vivido com grande sobriedade. Agora há novos desafios para viver, especialmente o missionário, já às portas.

Madre Clélia senta-se perto de irmã Elisa Pederzini e Irmã Giuseppina D'Ingenheim. Em sua mente passam as imagens de uma vida até aqui complicada, sempre vivida com grande determinação. Não é mais tão jovem, tendo completado já trinta e nove anos, mas sente dentro de si o desejo de abrir uma página nova, finalmente estável, com muitos projetos no horizonte.

Esclareceu muitos aspectos constitutivos com Dom Scalabrini graças à visão de ambos. O bispo está visivelmente emocionado ao ver todas essas irmãs à sua frente, consciente, por um lado, de que ele lhes havia garantido um futuro e uma nova perspectiva, por outro, de que recebeu em troca uma ajuda considerável para alcançar seu sonho. De fato, seu coração está sempre voltado para a nova Terra para a qual muitos olham.

Estamos às vésperas de uma partida missionária para edificar aquela ponte de evangelização e de acompanhamento que deseja, desde sempre, realizar entre a Itália e as Américas. O seu discurso é afetuoso e todo voltado a encorajar as mulheres consagradas que tem à sua frente.

– Enquanto o mundo se agita deslumbrado com seu progresso, enquanto o homem é exaltado por suas conquistas sobre a matéria e manda na natureza como mestre, o conceito de Pátria se estende além dos limites materiais, tornando o mundo a Pátria do homem. E nós precisamos ir conhecer esse mundo. Digo-o agradecendo a todas, no dia em que nasce oficialmente a Congregação das Apóstolas Missionárias do Sagrado Coração de Jesus. E, não por acaso, estamos também na vigília da vossa primeira partida missionária. Devemos nos sentir todos em partida, todos emigrantes. Por isso, deixai-me dizer adeus de modo particular a estas irmãs que preparam a sua viagem ao Brasil e, em nome de todas elas, à superiora da expedição: Irmã Elisa.

Um grande aplauso saúda as coirmãs que estão prestes a enfrentar um novo desafio pessoal e para toda a Congregação. Irmã Elisa passou noites de insônia pensando e repensando na sua possível partida. Não foi fácil dizer sim, não sabe nada a respeito do Brasil que, para ela, é apenas um nome e uma zona delineada sobre os mapas geográficos. Tudo está envolto em mistério, a partir da viagem marítima que durará várias semanas. De pé, ela olha para o bispo e depois para suas irmãs que estão sentadas, esperando por uma saudação.

– Obrigada! Obrigada, excelência! Guiar esta primeira expedição é uma grande responsabilidade. Todos os dias surgem na minha mente problemas, dúvidas, cansaços e tantas dificuldades...

Vamos conseguir fazer? Não sei. Mas em mim há um desejo de ir ao encontro do mistério que nos espera. E, com um pouco de saudades de casa, encaminho-me confiante, sem olhar para trás. Nós recomeçamos tantas vezes, não é Madre? Também quando partimos de Como, não sabíamos nada do que nos esperava. Então, o oceano não nos assusta. Estou pronta. Estamos prontas! Partamos!

 Irmã Elisa está comovida. Para além do seu caráter que às vezes pode parecer muito forte e dominante, dessa vez se sente muito pequena frente a uma missão que parece dominá-la. Deve buscar todas as suas convicções e a sua fé para encontrar a força de enfrentar um mundo desconhecido, que parece pertencer a um outro planeta. Dom Scalabrini sente-se atingido pelas palavras pronunciadas pela irmã.

 – Parabéns à Irmã Elisa! E obrigado por este pensamento convicto e inspirado. Devemos ter a capacidade de ser homens e mulheres-pontes, com um espírito aberto para que nada de tudo o que é humano nos pareça estranho. Devemos ter a capacidade de ler os sinais dos tempos, mesmo os dramáticos e negativos, cientes de que o homem se agita, mas é Deus que o conduz. E vamos pedir para que tenhamos sempre a paciência do pescador, a constância do peregrino e a esperança do migrante.

 Uma grande salva de palmas acolhe o pensamento esclarecedor do bispo, que prossegue a sua reflexão voltando-se às Irmãs que irão partir.

 – Não vos esqueçais nunca da cruz que recebestes hoje, sobretudo nos momentos mais difíceis, que seguramente enfrentareis. Não tenhais nunca medo do peso da cruz!

 A emoção é palpável, enquanto Irmã Elisa abraça o grande crucifixo que leva junto à cintura, símbolo do próximo empenho missionário. Dom Scalabrini sabe bem que agora a palavra deve ser dada à Fundadora Madre Clélia Merloni. Ela quase se retira, não queria dizer nada porque o seu coração já está em viagem com as coirmãs, e elas o sentem. Encontra-se em pé, diante das coirmãs, e a emoção lhe causa uma dificuldade evidente para encontrar as palavras adequadas.

– Só um breve pensamento a quem parte para o Brasil e a quem fica aqui no serviço cotidiano de cada dia: levai a todos um raio da ternura do Coração de Jesus. Eu vos abençoo com Cem Corações!

As Irmãs se levantam aplaudindo, um sinal de reconhecimento e de festa. Finalmente, tudo parece andar na direção certa, impelido pela Providência que dá novo fôlego ao entusiasmo de Madre Clélia, sorridente, serena e livre para poder abraçar as suas coirmãs. O encontro está chegando ao fim, e as irmãs se unem ao redor daquelas que deverão enfrentar a nova aventura missionária.

Dom Scalabrini se aproxima da Madre. Também ele está emocionado e sente que o passo que foi oficializado marca um momento histórico que dará os seus frutos.

– Espero levar também eu aquele raio de ternura. Obrigado, Madre! Estou verdadeiramente contente com este dia. A senhora, o que pensa?

E aqui Madre Clélia tem a última surpresa reservada e absolutamente inesperada.

– Tudo bem! Menos o nome...

– O nome? – Pergunta Dom Scalabrini com curiosidade e quase intimidado.

– Isso mesmo! No nome "Apóstola" está tudo... Acrescentar "missionárias" não era necessário!

O bispo foi pego de surpresa. Na verdade, esta mulher é imprevisível nas suas pontuações.

– Pensei que eu tivesse sido bastante obediente à sua carta...
– Não foi o suficiente, mas... Perdoo!

O momento embaraçoso é interrompido por Irmã Giuseppina com um grande registro entre as mãos.

– Excelência, aqui está o registro oficial para assinar.

Para o bispo Scalabrini é uma ocasião que não se pode deixar escapar. É a resposta certa no momento certo.

– Obrigado, mas antes de assinar desejo que a Madre faça uma revisão... Sabe... Podem existir erros!

O bispo não consegue esconder um sorriso, que é o único modo de escapar da reprovação que aconteceu fora do que havia previsto. O selo foi colocado! O resto não importa.

CAPÍTULO 18

Tudo novo!

O ano de 1900 é um ano de mudanças para as Apóstolas, enquanto a Itália é atravessada por grandes incertezas, tumultos e uma fragilidade social que pesa particularmente sobre os grupos mais frágeis do país.

Em 29 de julho de 1900, pouco mais de um mês após o reconhecimento oficial da congregação, o rei Umberto I da Itália foi morto. Em Monza, ao passar em sua carruagem após um evento esportivo, foi atingido por algumas balas disparadas por um jovem anarquista, Gaetano Bresci. Um episódio intimamente relacionado com os numerosos tumultos de rua que se multiplicavam em várias cidades italianas por mais de dois anos.

Antes do ataque, as condições econômicas das classes mais desfavorecidas eram cada vez mais graves, a pobreza aumentava desmedidamente. O novo imposto sobre os grãos colocou a população em uma séria crise, o que a levou a sair às ruas para pedir o pão que não tinham mais condições de comprar. Em Milão, os protestos foram reprimidos pelo general Bava Beccaris, que decidiu atirar sobre a multidão, matando uma centena de pessoas. O mesmo general, após o episódio, foi agraciado com o título de Grande Oficial da Ordem Militar de Savoia dado pelo rei Umberto I. Um gesto que desencadeou uma ebulição de vingança levando ao ataque de Monza. O clima de tensão que se seguiu ao assassinato do rei não poupou nem mesmo as paredes do convento das freiras em Piacenza.

Irmã Giuseppina está muito agitada e anda pelos corredores quase correndo.

– Vocês souberam o que aconteceu? Eles mataram o rei! – Ela repete essas palavras a todas as irmãs que encontra, enquanto se reúne a Madre Clélia, que está empenhada no bordado.

– Madre... Um desastre... Está sabendo? Assassinaram Umberto I em Monza. Há muita confusão nas ruas, muita desordem. Madre Clélia ficou muito impressionada com a notícia.

– Mas você tem certeza?

– Claro, Madre! Tem jornaleiros na rua gritando por toda a parte. Um jovem anarquista atirou nele, há protestos por todos os lados!

– *Mamma mia*! Isso assinala um mau tempo, bem o sabemos. O povo não tem o que comer, são muitos os pobres. Pode-se ver também aqui em Piacenza.

– Temos que ter cuidado, Madre, é um novo século... Aqui irrompe a revolução!

Irmã Giuseppina acompanha suas palavras com um sinal da cruz. Ela está muito assustada com os acontecimentos e é sensibilíssima quando sente muita tensão ao seu redor.

Madre Clélia a conhece bem e tenta tranquilizá-la, lembrando-lhe alguma coisa que pudesse distraí-la da iminente preocupação.

– De qualquer forma, tu, dentro de alguns meses, estarás indo para o Brasil.

Seu tom esconde um véu de aborrecimento. Ela tem um grande vínculo com a irmã Giuseppina que a apoia sempre com carinho e em quem ela encontra uma visão simples das coisas.

Pensar que não a terá mais é uma forte privação, mas aprendeu a fazer renúncias pelo bem comum.

– Por favor, te peço: não me lembre da minha partida para o Brasil. Faz-me sentir medo.

– Eu, pelo contrário, sinto muito porque não hei de conseguir mais contar com os teus preciosos conselhos diários!

É verdade. Não há um dia em que a Irmã Giuseppina não resolva pequenas e grandes questões, sempre com o intuito de proteger a Madre, para eliminar dores de cabeça e pequenas tarefas. Uma amizade que tem raízes distantes, e que as dificuldades conseguiram aprofundar ainda mais.

– Sentirei sua falta, Madre. Caminhamos lado a lado desde os tempos de Como. Já passamos por muita coisa, mas ainda estamos aqui!

– É verdade! Nós nunca olhamos para trás. E você sempre foi confiante na Providência.

– Eu a segui sem me fazer tantas perguntas. E continuo fazendo isso. Por isso mesmo agora obedeço e vou embora. Mas não acredito que isso me deixe tranquila. Aqui, matam o rei, mas no Brasil o que está acontecendo? Sabemos alguma coisa? É um pulo que faço no vazio, confiando-me ao Senhor. É inútil queixar-me! Embora... Eu preferisse costurar aqui perto de você!

Madre Clélia responde com um sorriso, sem tirar os olhos de seus bordados.

– E a Irmã Elisa? Já estamos na véspera de sua partida para o Brasil. Está preparando o baú?

– Sim, sim, Madre. Mas é sempre muito polêmica!

– Sabemos que é feita assim.

– Nada vai bem para ela, sempre a resmungar. E depois vai lamentar-se com Padre Gaetano.

Faz alguns meses que Padre Gaetano Masotti chegou como novo capelão da congregação. Um sacerdote que deveria abrir uma nova página de colaboração serena, formativa e construtiva. Infelizmente, logo a partir dos primeiros meses pareceu não atender às expectativas. Dom Scalabrini já havia advertido Madre Clélia sobre ele, mas impressão inicial foi muito positiva.

A Fundadora não se resigna com a ideia de que sacerdotes representem pedras no seu caminho em vez de uma lembrança da pertença fiel à Santa Mãe Igreja. Não se dá por vencida e quer pensar que com o tempo pode mudar de ideia também em relação ao Padre Gaetano, que não faz nada para criar uma atmosfera de paz e serenidade à sua volta. Escuta muito e fala demais. Um fato que está repercutindo bastante.

Mas Madre Clélia quer mudar de ideia.

– Devemos ter fé em Padre Gaetano.

– Vamos esperar o melhor. Depois de Padre Leoni e Padre Gelmini sofremos bastante e tivemos muita paciência!

Disso não há dúvidas! Mas uma Fundadora não pode encorajar as fofocas. Precisa manter alta a atenção e transmitir grande confiança, apontando a direção que leva à paz.

– Coragem! Nós, Apóstolas, devemos olhar só e sempre a glória de Jesus. O resto não importa.

Essas palavras dispensam comentários ou respostas. Irmã Giuseppina sabe bem disso e quer fazer de tudo para assegurar os desejos de Madre Clélia. Em terra de missão ela terá a tarefa de transmitir o espírito original que respirou nesses anos. O novo século recém iniciado deve dar esperança. Novas terras estão esperando para vencer novos desafios. Os medos, as incertezas, as ansiedades fazem parte de um mundo passado, que deve ser olhado à distância. Agora, o que importa é o que está por vir.

E tudo é novo!

CAPÍTULO 19

Partidas e chegadas

Na história de Madre Clélia, a figura do padre é colocada a duras provas. Numa descrição sumária corre-se o risco de fazer uma lista de padres que criaram problemas, com comportamentos pouco condizentes com sua vocação. Um concentrado de fraquezas humanas que, muitas vezes, pode parecer fonte da fantasia de um romancista anticlerical que quer macular a Igreja.

Padre Clemente Leoni roubou a herança de Madre Clélia e fugiu para a França; Padre Luigi Gelmini traiu sua confiança; e agora se apresenta Padre Gaetano Masotti que não promete nada de bom. Seria demais, até para uma história inventada. Contudo, esta é a realidade para se contar e é a verdade com a qual temos que lidar. Os fatos não devem surpreender nem mesmo numa leitura cristã da vida.

Convencidos de que o Senhor guia a história, é fundamental vencer os medos que possam surgir e olhar o caminho de Madre Clélia como uma confirmação providencial do nosso *Creio*. Não estamos diante de uma obstinação, mas descobrindo a história de uma mulher que não se deixa intimidar, nem murcha pelas desilusões causadas por homens consagrados. Ao contrário, ela se fortalece nas pegadas de São Paulo que diz: *"Quando sou fraco, é então que sou forte"*.

Consequentemente, poderíamos dizer que as figuras desses sacerdotes são instrumentos para a manifestação da Graça que vive em Madre Clélia, sem nunca vacilar. Certamente, seria lindo poder encontrar na própria estrada padres que se destacam por serem homens de Deus. Mas, se isso não acontece, é necessário aproveitar a oportunidade para fortalecer a própria fé, conscientes de que o ser humano é frágil mesmo quando veste um hábito que deveria ser exemplar e sobe ao altar onde se vive o momento mais alto da nossa vida cristã.

Padre Gaetano Masotti entrou na vida das Apóstolas como uma bela novidade partilhada com todos, em primeiro lugar por Madre Clélia. Ela se empenhou muito para acolher o novo capelão, para que ele pudesse verdadeiramente sentir-se em família. Ele passou dias observando e escutando as irmãs, conhecendo Madre Clélia. Traçou no seu coração uma Fundadora pouco apta a ser guia da sua comunidade, apesar de uma forte potência carismática. Entre os muros do convento consolidou-se a convicção de que ela é uma mulher muito inspirada, mas não apta para gestão das coisas práticas. Um julgamento tão repetido que fica difícil contrariar.

Padre Masotti notou isso e nada fez para tentar desmentir essa tese. Os temores de Irmã Giuseppina sobre as confidências entre Irmã Elisa e Padre Masotti não são inferências, mas certezas evidentes para todos. Irmã Elisa encontrou um apoio que não ameniza suas polêmicas e reclamações, mas as enfatiza. Nos dias que antecederam a partida para o Brasil, Padre Masotti se entretém com frequência com Irmã Elisa, enquanto ela prepara os baús.

– Está quase na hora...

– Dez dias para ser exato.

– Uma grande responsabilidade!

Irmã Elisa continua dobrando e guardando a roupa lavada, destinada a ser embarcada no navio que a transportará para o Brasil.

– Confesso que estou feliz por partir, por me afastar daqui.

– É como eu entendo. O problema de vocês é a falta de uma figura de autoridade.

Irmã Elisa, por sua vez, olha para o padre para afirmar sua precisa convicção.

– Ao menos quando eu estiver no Brasil, como superiora, as coisas serão feitas como eu digo!

– E estou convencido de que poderá ser o ensaio geral para futuras novas atribuições.

– Eu não entendi.

Irmã Elisa entendeu muito bem. A alusão de Padre Masotti chega muito clara em sua cabeça, mas finge não ter entendido o conceito. Um fato que mais uma vez evidencia uma fraqueza congênita nas pessoas mais próximas de Madre Clélia. O padre, por sua vez, não vê a hora de tornar mais explícito o seu pensamento.

– Está claro que não podeis ir à frente com Madre Clélia. Não é apta. É ineficiente.

– Mas não existem soluções. – Responde prontamente irmã Elisa.

– Ao contrário, tem sim. Seria perfeito se Irmã Elisa se tornasse... Madre Elisa. Neste caso teríeis todo meu apoio!

Um encorajamento explícito a substituir a atual Fundadora. Muito evidente, para embaraçar também um tipo como irmã Elisa.

– Melhor continuar com o baú... Seja como for, obrigada! Ao menos sei que posso contar com o senhor, estimado padre Gaetano.

– Sempre! E recomendo que enquanto preparam as bagagens, não esqueçam nada. Nem mesmo as próprias ambições.

O padre se retira deixando irmã Elisa envergonhada e meio confusa. O capelão revelou claramente a sua reserva em relação a Madre Clélia, delineando um futuro que a vê como protagonista. Isso é demais! Tudo bem queixar-se, mas pensar em substituir a Madre não dá para aceitar. Termina de empacotar as bagagens para ficar longe dessa tentação. O oceano fará a sua parte. Enquanto isso, em meio às pessoas que partem, há aquelas podem chegar em breve.

São os Viganò, pai e mãe das quatro irmãs religiosas: Marcellina, Nazarena, Irene e Gesuína. Escreveram uma carta às filhas contando sobre sua luta para conseguir pagar as contas, devido à constante falta de trabalho. A crise econômica é muito pesada para todos e é cada vez mais difícil remediá-la. O convento poderia ser uma solução? As filhas se reuniram num lugar à parte para conversarem.

– Que agonia! Eles não podem continuar assim! Temos que arrumar um emprego para o papai! – Diz Irmã Irene, dobrando a carta paterna.

– Pobre mãe! – Acrescenta Irmã Nazarena.

– Mas não é fácil nos tempos. – Diz Irmã Gesuína.

Todas dão sua opinião, mas só a Irmã Marcellina tem a autoridade para fazer uma síntese que as põe de acordo.

– Vamos pensar nisso... O ambiente mudou aqui dentro, e o papai poderia ajudar em muitas coisas. E, se pensarmos bem, mamãe também seria muito prestativa!

Irmã Gesuína, neste momento, sugere a reflexão mais coerente com sua escolha de vida.

– Mas devemos falar com a Madre.

Irmã Marcellina responde com segurança.

– Não te preocupes! Sobre Madre Clélia penso eu!

– Porém, deves estar atenta. – Sublinha irmã Irene, enquanto Irmã Nazarena fica preocupada.

– Peço prudência.

– Nenhum problema! – Irmã Marcellina não tem dúvidas – Aqui em Piacenza sei como fazer... E esta carta, é melhor que a coloque em lugar seguro. São coisas de família.

Agora está claro. Os Viganò estão se tornando uma família dentro da Família. As quatro irmãs são muito unidas e querem tomar decisões que podem perturbar o equilíbrio das Apóstolas. A chegada do pai e da mãe fecha o círculo deste encontro familiar. Não há paz para Madre Clélia!

CAPÍTULO 20

Outras nuvens

Com a partida de Irmã Giuseppina para o Brasil, Madre Clélia sente-se um pouco mais sozinha. Não pode contar com nenhuma pessoa ao seu lado que a conheça bem, que antecipe as suas reações, interprete o seu querer em uma harmonia que é muito difícil de encontrar. Graças ao céu, irmã Redenta é uma coirmã que gradualmente se aproxima dela com o desejo de poder dar apoio, aliviá-la das muitas incumbências enfrentadas. Culturalmente preparada e bem-educada, tem um modo singular de fazer com que frequentemente, pela sua determinação que não conhece mediações, lhe arranque um sorriso.

Ela é uma excelente auxiliar para a Fundadora, que lhe pede para ajudá-la, aproveitando de sua precisão e seu dom de colocar em ordem papéis, materiais, e de organizar os vários compromissos. Ambas estão na antecâmara do escritório do bispo em Piacenza. Madre Clélia pediu um encontro a Dom Scalabrini. Ele adiou várias vezes, mas agora percebe que não pode mais postergar.

Irmã Redenta percebe sua preocupação e não sabe como fazer para acalmá-la.

– Não é a primeira vez que está aqui, Madre. Fique tranquila!

– Gostaria de dizer coisas boas a Sua Excelência. Mas em vez disso...

– Mas isso é normal, ele sabe muito bem que não se vem aqui para dar boas notícias. Somos todos feitos da mesma maneira. Quando pedem audiência, é só para falar de problemas.

– Eu sei, mas não vou lhe negar que estou preocupada. Porém, estou contente que você esteja aqui comigo. Desde que Irmã Giuseppina partiu para o Brasil, sei que posso confiar em você.

– Sobre isto a senhora não deve ter dúvida! A senhora, Madre, é a minha guia, exemplo de como deve ser uma verdadeira Apóstola. E, para o encontro, confie-se ao Sagrado Coração de Jesus!

Madre Clélia dá um longo suspiro, tirando fora da bolsa a horrível cópia de uma carta.

– Sabe o que escrevi ao bispo? – Ela lhe falou em alta voz.

– Está aqui. Vou ler para você uma passagem da minha carta: *Trata do reverendo Padre Gaetano Masotti, sobre o qual devo lamentar por não ter seguido o conselho de Vossa Excelência. E não é porque o Arcipreste não seja um sacerdote de zelo e de coração, mas porque, no conjunto das coisas, parece-me poder concluir que seria bom se ele não tivesse em nossa casa qualquer outra ingerência fora do seu ofício de celebrar a missa, pregar e confessar... Apesar de seus dons de coração (talvez, na verdade, por causa deles), não inculca o amor pela observância regular que eu gostaria que se infiltrasse em cada uma de minhas filhas e fosse sua primeira e manifesta virtude.*

– Para ti, parece soar bem o tom?

– Para mim parece muito suave e desprovida de qualquer tipo de rancor, mas sei bem que a realidade é muito mais séria do que isso que a senhora escreveu... Foi boa demais!

– Mas era fundamental manter o equilíbrio.

– Isso conseguiste muito bem.

– Alegra-me que você, querida Irmã Redenta, o reconheça. Você sabe... Eu me abandono à Divina Providência. O bispo sabe meu jeito de ser, minha fidelidade e minha boa-fé. Com ele eu sempre fui coerente, e disse até o mais profundo de mim mesma as coisas que penso. E não é coisa dita apenas dentro destas paredes.

Depois de dizer essas palavras, o secretário do bispo aparece na porta.

– Bom dia, Madre! Sua Excelência a está esperando.

Madre Clélia se levanta e se dirige, uma última vez, à Irmã Redenta.

– Então eu vou...
– Certo, Madre! Bom encontro! Rezarei para que tudo corra bem.

Monsenhor Scalabrini, em pé no seu escritório, está repondo livros na sua biblioteca pessoal. Sorri, assim que percebe a presença de Madre Clélia.

– Bom dia, Madre! Acomode-se e me diga tudo. Novidades do Brasil?

Os dois permanecem em pé, um frente ao outro.

– Sim. Disseram-me que devem cuidar de duzentas meninas, mas quantos sacrifícios! O Bispo apaga o seu sorriso e fica sério, como se estivesse alcançando com o coração aquelas terras distantes.

– Infelizmente os meios são poucos, muito poucos. E isso me entristece muito.

O tom de sua voz revela muita amargura e a impotência de não poder responder às emergências com as forças e os recursos adequados. Madre Clélia prossegue a comunicação das últimas notícias.

– Parece que não têm nem sequer livros e cadernos!

– Não, isso não é justo! Temos que prover... Vou pensar, encontrarei um modo.

As palavras de Dom Scalabrini ficam suspensas e deixam espaço à verdadeira razão do encontro. Recebeu a carta e está esperando que o problema mais embaraçoso seja introduzido.

– Excelência, o senhor sabe que eu queria lhe falar de uma coisa muito delicada. Aborrece-me ter que abordar certos assuntos, mas já adiei demais. O senhor leu a minha carta, não é?

– Sim, eu li.

– Não sei como lhe explicar que também este novo capelão, padre Gaetano Masotti, nos está criando muitos problemas.

– Me aborrece muito...

– O senhor, Excelência, tinha me prevenido, dizendo-me que não era a pessoa apta. E eu quis seguir minha cabeça, parecia que poderia dar certo.

– Lembro, lembro...

O bispo se faz muito misterioso com as palavras. Olha a Madre com benevolência e participação nos problemas expostos. Parece, todavia, manter uma atitude de espera e de escuta.

– Mas o que posso fazer agora? Semeia desacordo na comunidade, cria divisões, mau humor... Rezei tanto antes de vir aqui.

Madre Clélia não sabe como prosseguir. O seu sofrimento é evidente e lhe entristece ter que lamentar-se sobre um homem da Igreja na sua audiência. Não é correto e não é legal.

– Mas o que a senhora sugere, Madre? – Pergunta dificílima à qual segue um longo silêncio, que parece interminável.

– Eu não posso fazer nada, mas o senhor poderia intervir e confiar-lhe uma paróquia, bem longe das irmãs. Não lhe parece uma solução possível?

Dom Scalabrini faz um som batendo as mãos sobrepostas. Um gesto que exprime um nervosismo difícil de conter. Não quer tomar uma decisão naquela hora, sem avaliar o que fazer. Precisa de tempo.

– Deixe-me refletir. É uma questão muito delicada.

Madre Clélia, no seu coração, pensa ter sido muito clara na sua exposição e não acrescenta mais nada.

– Fico muito triste, Excelência. Quisera vir aqui para alegrá-lo... Mas estou certa de que somente o senhor pode ter o melhor modo para convencer padre Masotti. Eu não quero danificar e nem mesmo julgar um sacerdote que tem todo o meu perdão. Rezo tanto por ele... Mas não é fácil, acredite.

O encontro termina assim. As nuvens no horizonte não se desfizeram, e Dom Scalabrini, depois de ter dado a bênção à Madre Clélia, que o saudou com um beijo no anel, permanece só, em pé, no centro do escritório.

Tudo está sobre seus ombros.

E cuidado para não ter pressa.

É preciso esperar...

CAPÍTULO 21

A confissão

À s vezes, na vida, queremos resolver os problemas com a rapidez de um relâmpago. Se há urgência de virar a página, nem sempre é fácil. A paciência e a espera são parte integrante da mesma solução. Madre Clélia sai do escritório do bispo serena pela escuta recebida, ainda que o horizonte ainda não esteja claro. Dom Scalabrini a faz compreender que precisa meditar bem sobre as decisões a tomar, sem se deixar levar pela pressa que é, proverbialmente, uma péssima conselheira.

À Fundadora não resta outra coisa além de oferecer na oração todas essas ansiedades, sem fazer delas um drama. Quando retornar ao convento, reencontrará Padre Gaetano Masotti e o olhará com olhos novos. Efetivamente, procurará de todos os modos repensar no seu relacionamento com ele, sem cair na tentação de julgar cada gesto seu. Na entrada do bispado, encontra irmã Redenta que a espera com uma expressão interrogativa de quem não vê a hora de receber informações sobre o andamento do encontro.

– Como foi?

– Bem! Ele me disse que irá pensar... Confio na Providência!

– Isso é fundamental. E mais, ele conhece Padre Gaetano, talvez melhor que todos! O importante é que tenha compreendido que ele é um problema para o nosso futuro.

Uma vez fora do palácio de Dom Scalabrini, as duas mulheres caminham ao longo da estrada, alternando silêncios e breves reflexões.

— Sabe o que me aborrece? – Reflete Madre Clélia – Padre Gaetano ainda é um sacerdote, é o nosso capelão. Uma figura importantíssima para todas nós. Eu me pergunto com frequência... Será um problema nosso? Devemos fazer algo mais para esses sacerdotes que acolhemos em nosso meio? É justo que façamos perguntas, não tomar tudo como certo. Pode-se sempre fazer melhor, talvez eu deva ser mais atenta e mais compreensiva com ele.

Irmã Redenta não tem a mesma opinião. Mas nem pensa em duvidar do comportamento de Madre Clélia que, para ela, é um modelo a ser seguido em tudo e por todos.

— Madre, por favor... A senhora não pode fazer melhor que isso. Portanto, não deve sentir-se culpada. Padre Gaetano não pode ser defendido. Sabemos bem como se comporta. Não é um mistério a sua preferência por Ir. Elisa, que gostaria de estar no seu lugar como madre geral. O importante é saber as coisas com clareza.

— É verdade! Mas, querida irmã Redenta, devemos andar sempre estender a mão ao próximo, sobretudo quando é mais difícil fazê-lo. Padre Masotti está ali para recordar-nos também esta questão. Seria muito fácil cultivar somente as relações que nos dão prazer. Não se esqueça, devemos dar atenção principalmente aos encontros com as pessoas com as quais mais nos cansamos. Precisamos nos empenhar para acolhê-las com o coração, amá-las e especialmente perdoá-las. Mas espere um momento...

Madre Clélia para porque viu algo que parece ser a consequência lógica de seu pensamento. Padre Gaetano Masotti apareceu de improviso do outro lado da estrada e está vindo em direção a elas. Uma coincidência ou, melhor dizendo, coincidência divina? Seguramente uma ocasião para colocar em prática palavras difíceis de serem postas em prática. O encontro providencial é uma possibilidade muito interessante que não se pode perder.

A CONFISSÃO

– Alguém está nos colocando rapidamente à prova, Irmã Redenta, não podemos fingir.

– Bom dia, Madre Clélia! Como vão as coisas?

Padre Gaetano é sempre muito formal e gentil quando encontra a Fundadora. Seu modo de agir é impecável, mas não vai além dos cânones de uma simples gentileza.

– Que surpresa vê-lo aqui, neste momento! Algum compromisso?

– Tenho uma pequena tarefa, mas nada de importante.

– Então, posso dizer que eu procurava realmente o senhor!

Irmã Redenta reage instintivamente com um olhar interrogativo às palavras de Madre Clélia. Não compreende aonde a Madre quer chegar.

– Quero confessar-me, o senhor tem tempo?

– Agora... Agora? – Replica balbuciando o padre.

Não há explicação para o significado deste pedido inesperado.

– Se for possível...

Ao padre só resta obedecer.

– Então vamos!

Madre Clélia é imperturbável. Não mostra nenhuma emoção particular. Só tem tempo para dar um último olhar à coirmã.

– Nós nos veremos nesta tarde, Irmã Redenta, mais tarde!

Um breve sorriso acompanha estas palavras. A Fundadora quase se diverte ao perceber o espanto da irmã que não entende e olha como se pedisse uma explicação. Madre Clélia sabe ser surpreendente nas suas escolhas e faz entender quanto deseja encarnar os seus pensamentos e os valores nos quais se inspira com convicção.

Sabe desafiar a si mesma, quer colocar-se à prova para demonstrar que todos somos chamados à coerência. A ela, primeiramente, cabe dar o bom exemplo. Vê-la distanciando-se de Padre

119

Masotti é indubitavelmente uma cena singular. Mesmo o padre tem dificuldade de sustentar sua conversação. Intimamente, pensa que se tivesse saído do convento e escolhido um outro caminho a percorrer, sem se encontrar com a Madre, teria sido melhor. Entra no confessionário da capela do Instituto sem olhar para trás, para o olhar da sua penitente. Fecha a cortina que os separa completamente, coloca a estola roxa sobre os ombros e está pronto para o sacramento da reconciliação. De sua parte, Madre Clélia se ajoelha, aproximando-se com a cabeça na janelinha perfurada com formato de cruz para permitir a veiculação do som da sua voz. A forma latina do rito é concluída rapidamente, até chegar a um silêncio que espera ser rompido pela confissão dos pecados ditos pela irmã.

– Tinha tanto desejo de confessar-me porque vivo um momento de profunda perplexidade...

– O Senhor está aqui para absolver os seus pecados – é a resposta do padre.

– Veja, não consigo perdoar... tenho lutado muito ultimamente...

– Existem sempre momentos complicados...

– É verdade! – Continua a Madre – Mas a coisa que me desgosta demais é aquela de ter grandes dificuldades com o nosso capelão. Com frequência sou incapaz de perdoar os seus comportamentos.

Padre Gaetano empalidece. Permanece imóvel, não queria nem respirar. Leva ao mesmo tempo as mãos ao rosto, começando a suar. Ela está falando mesmo dele. Depois de ter escutado a afirmação assim direta é difícil pensar em ser o transmissor do perdão concedido pelo Senhor. O silêncio é mais embaraçoso que as próprias palavras. Mas o que se pode dizer?

– São coisas muito humanas, Madre...

A CONFISSÃO

– Mas então, que sentido tem a nossa vocação?
– O importante é fazer-se estas perguntas.
– Perdoar, perdoar e ainda perdoar... Repito sempre isso para mim mesma, mas agora não consigo. Que valor têm as boas intenções se ficam apenas como intenções?
– Eu te absolvo dos teus pecados em nome do Pai e do Filho e Espírito Santo. Amém.

Padre Masotti não consegue mais reger a situação e pronuncia a fórmula conclusiva da absolvição. Também ele queria confessar-se, fixa a sombra da Madre que, por óbvias razões não pode absolvê-lo. Melhor concluir assim. Madre Clélia se afasta e ele fica no confessionário para não a encontrar. Abre mecanicamente o Breviário para rezar, mas a sua mente se agita e não consegue concentrar-se. Pensa em tudo e em nada.

Uma confissão inconfessável!

CAPÍTULO 22

A paciência de Scalabrini

Não há paz para o Bispo de Piacenza. Depois de ter recebido Madre Clélia e organizado as suas reflexões sobre o capelão Padre Masotti, recebe também dele um pedido de audiência. O motivo está ligado a Madre Clélia, se o compreende bem. Pela carta explica em detalhes várias questões abertas e não resolvidas que colocam a Fundadora sob acusação. Dom Scalabrini, após ler a relação de Padre Masotti, gostaria de adiar e evitar o encontro. Porém, ao mesmo tempo, compreende quanto é importante escutar os dois lados para compor o quadro exato da situação.

Padre Gaetano mostra sinais de intolerância em relação à Fundadora, atitudes que não esconde mais. Difícil conseguir uma reconciliação. Madre Clélia, por sua vez, deve observar, sem fazer dramas, esperando que as coisas mudem de algum modo. Padre Masotti não deixa de imaginar Irmã Elisa como possível futura Madre Geral, mesmo que ela nunca tenha desejado e nem se direcionado para isso.

Os rumores circulam velozmente. Dom Scalabrini tem bem presente todos esses aspectos que estão ordenados na sua mente para poder encontrar uma solução. Para encontrar Padre Gaetano decidiu optar por um lugar aberto, no jardim do bispado, evitando o escritório que não ajuda a acalmar os ânimos e as acusas que elencará o seu interlocutor. Um ambiente natural, iluminado pelo sol e alegrado pelas flores e pelo canto dos passarinhos ajuda a apagar os rancores que seguramente afluirão.

– Bem-vindo, Padre Gaetano!

– Excelência, muito obrigado por me receber.

– Vamos caminhar um pouco. O ar está bastante agradável nesta manhã!

– Muito bem! Como o senhor está, Excelência?

– Tudo bem, obrigado! Alguns problemas para resolver, sobretudo na América!

– A América, para o senhor, está sempre em primeiro lugar.

– Não diga aos *piacentini*... Senão ficam com raiva.

Uma bela risada cria um clima tranquilo entre os dois, ótima premissa para comunicar o motivo do encontro. É o bispo que convida o sacerdote a explicar o motivo do seu pedido.

– Diga-me tudo, padre Gaetano.

– Excelência... Às vezes é difícil dizer certas coisas...

– Deixe-me adivinhar: trata-se de Madre Clélia.

– Sim! É mesmo dela que queria falar-lhe... Estamos vivendo uma situação complicada, a meu ver, intolerável!

– Procuremos manter a calma e confiemo-nos à Providência.

– Mas a gestão da Madre é um desastre! O senhor pode ver com seus olhos pelo relatório que lhe enviei. Agora são mais de sessenta casas para administrar... Não é brincadeira!

O bispo mantém o olhar baixo em uma atitude meditativa. Percebe-se que esta situação o faz sofrer particularmente, também porque não existe uma solução fácil e imediata.

– É preciso ver as coisas com grande atenção...

– Mas, Excelência, não tem nada que se salve. A formação das irmãs, a gestão do trabalho, até as refeições deixam a desejar... Esta mulher é um perigo!

Padre Masotti não consegue conter a agitação, parece uma panela em ebulição, acompanha as palavras com gestos que querem reforçar um estado de ânimo angustiado.

– Acalme-se, padre Gaetano! Peço-lhe...

– Eu me acalmo, mas lhe garanto, Excelência, que viver a situação lá dentro não é nada fácil. Não se pode ir em frente assim. É preciso encontrar uma solução!

Silêncio.

Só o rumor dos passos sobre a calçada ressoa com uma regular repetitividade. É fácil apelar para a autoridade do bispo. Neste caso, estão em jogo equilíbrios delicadíssimos que devem ser respeitados.

– Mas você, padre Gaetano, o que você quer?

Uma pergunta retórica. Dom Scalabrini intuiu bem o desejo do sacerdote, mas quer que ele diga, deseja que se declare explicitamente. Padre Masotti está encurralado e deve admitir os seus planos, mesmo que comece gaguejando.

– Eu, eu... Poderia dizer que... Talvez o senhor já tenha me compreendido, mas... Alternativas válidas à Madre! Por exemplo, uma pessoa como Irmã Elisa Pederzini. Estou convencido de que tem ótimas capacidades.

O padre, com um pouco de dificuldade, declarou o motivo do encontro: quer Irmã Elisa responsável por tudo. De resto, nunca escondeu a sua sintonia nos seus encontros. O olhar amplo de Dom Scalabrini procura não perder de vista o conjunto dos elementos a avaliar.

– Temos que considerar que Madre Clélia é também a Fundadora das Apóstolas. Isso tem o seu peso.

– Eu sei! Mas uma coisa é fundar, iniciar uma Obra, outra é guiá-la com todas as dificuldades que surgem. Isso é uma outra história!

Dom Scalabrini se aproxima do sacerdote e o olha nos olhos como para perscrutar a sua boa-fé.

– Eu agradeço, padre Gaetano, por tudo o que você me disse e do seu preciso relato. Devo avaliar, meditar com grandíssima atenção.

– Obrigado, Excelência! Conto com a sua sabedoria e a sua inspiração!

– Quero lhe repetir: devemos confiar na Providência. Mas lhe garanto que não estarei omisso.

– Não duvido! O senhor é um homem corajoso. Não tem medo da missão nas Américas, imagine se vai se assustar por isso!

– Estimado padre Gaetano, a América para nos ensina muitas coisas. Pensemos nisso! Pode ser um horizonte que se abre também para você. Eu o saúdo e o abençoo!

E com uma breve inclinação, o padre se distancia, deixando em meio à estrada do jardim o bispo, que agora está só com as suas responsabilidades. Dom Scalabrini é habituado a decidir e não se esquiva nem mesmo desta vez do seu papel. Ele é um homem paciente e nunca instintivo. Sua grande fé é o verdadeiro motor de todas as suas ações.

Como resultado, mais cedo ou mais tarde ele entenderá o que fazer. Agora tudo o que resta é dar-se um pouco de tempo e continuar o passeio no meio do jardim. A natureza comunica paz e inspira a meditação. Ele se preocupa muito com os padres e é doloroso vê-los em dificuldade. Está convencido de que um padre deve deixar o templo se quer exercer uma ação curativa no templo. Sonha um modelo de sacerdote, um homem do seu tempo, que não tenha medo das mudanças sociais e que viva e esteja atento à vida do seu povo.

E entre o povo, há também comunidades de mulheres consagradas, como as Apóstolas, com as quais é preciso comunicar-se de forma caridosa, num ato de partilha e sem autoritarismos. É necessário ser respeitoso com as sensibilidades e fragilidades pessoais. Se Padre Masotti está em dificuldade, ele pode sugerir uma saída. Talvez uma missão distante, do outro lado do oceano.

Tomará sua decisão para não comprometer os equilíbrios e não piorar o clima interno da comunidade em que, no momento, Madre Clélia é a superiora.

Olhando uma rosinha do jardim, que apenas se abriu, inicia a oração. É o único modo que conhece para desmanchar um nó emaranhado.

Com paciência!

CAPÍTULO 23

O café das decisões

A mão gira e regira a colherzinha no café que acabou de ser trazido por Ir. Lúcia.
– Muito obrigado! Um ótimo café! Estava mesmo precisando. Já chegaram todas?
– Sim, sim... Estão a sua espera, Excelência.
– Então vou me apressar. Não devo me atrasar.

O perfume se espalha pelo escritório e chega às narinas oferecendo um breve prazer olfativo. As paredes ao redor são sempre aquelas, assim como os objetos bem ordenados sobre a escrivaninha. Mesmo assim, essa situação familiar não oferece tranquilidade. O som mecânico do relógio indica que o tempo passa inexorável. Não se pode mais voltar. Dom Scalabrini, sentado no seu escritório, olha o anel pastoral e pensa quantas vezes ser pastor exigiu escolhas complicadas e sofridas.

Seria bonito poder decidir com o consenso de todos. Ter responsabilidade quer dizer também deixar alguém com o amargo na boca. Enquanto o café aquece o coração, os olhos continuam a ler o documento que, dentro em pouco, deverá tornar-se público. A sua mente retoma o primeiro encontro com Madre Clélia. Uma mulher que impressionou pela sua extraordinária fé e determinação. Sempre pronta a viver na Verdade e pela Verdade.

Agora ele sabe que logo a verá sentada no salão, na primeira fila diante dele. O seu carisma lhe dá segurança e o tranquiliza. Falta pouco para o anúncio de mudança fundamental para a congregação. Um último gole de café. Deve levantar-se, pegar a carta preparada com cuidado e abrir a porta que dá para o salão. Um gesto fácil para uma decisão difícil.

É o dia 28 de fevereiro de 1904.

O salão está cheio de irmãs numa espera paciente, sentadas em filas ordenadas. Quando o bispo chega, levantam-se e os seus hábitos enchem a sala de estilo e de oficialidade em uma atmosfera solene.

– Bom dia para todas!

O bispo as olha e pensa que o dom de ter tantas mulheres consagradas ao Senhor é um sinal pelo qual não se pode passar com indiferença, nem ser visto como fato corriqueiro. Dom Scalabrini se senta, fazendo sinal às presentes para fazerem o mesmo. A sua voz traduz emoção e participação.

– Bem sabeis que estou aqui para comunicar-vos algumas decisões oficiais relativas ao governo da congregação.

O silêncio se faz mais intenso e é palpável uma atenção que se mistura à curiosidade por aquilo que está para ser anunciado.

– Seguindo os reiterados pedidos da atual superiora geral, Madre Clélia Merloni.

Dom Scalabrini para, levanta o olhar e sorri para a Fundadora, que retribui.

– Devido às suas precárias condições de saúde e, em particular, também pela sua disponibilidade para redigir as Constituições que regulam a vida da Congregação das Irmãs Apóstolas do Sagrado Coração de Jesus, decidimos...

Uma pequena pausa ajuda o bispo a encontrar o tom certo para ler a próxima frase.

– ...aceitar o pedido de demissão.

Murmúrio na sala. Algumas irmãs balançam a cabeça, outras buscam explicações perguntando à vizinha de cadeira, outras ainda permanecem petrificadas, como depois de um resultado de condenação. Madre Clélia sorri, parece a mais aliviada e serena. O bispo retoma seu discurso para pedir silêncio e fazer cessar os comentários.

– Portanto, antes da realização de um regular Capítulo Geral para eleger a nova madre, indicamos como superiora geral Irmã Marcellina Viganò, que, a partir desta tarde, será a nova Madre.

Um aplauso formal se encaminha, como um ato querido por parte da comunidade presente no salão. A Fundadora está contente. A nova madre está um pouco *consternada, mas disposta.* Dois termos trazidos por fontes para descrever o estado de ânimo de Irmã Marcellina. O termo "consternada" *é* explicado pelo vocabulário: *profundamente deprimida, abatida, aflita. Privada da capacidade de reagir a uma situação crítica. Revela uma dor e um medo tão profundos quanto imprevistos, quase de não acreditar.*

A reação de Irmã Marcellina, portanto, é muito negativa, não obstante esteja *disposta* a aceitar a responsabilidade. Não quer ser vista como quem passa por cima do ofício da Fundadora, aproveitando de um momento de dificuldade. Madre Clélia, ao contrário, está feliz pelo que acontece. As últimas semanas foram verdadeiramente difíceis por causa de reações estranhas, contrárias ao que era esperado. O bispo fecha o encontro com um convite espiritual.

– Agora, vamos agradecer ao Senhor na Celebração Eucarística.

As irmãs vão se retirando da sala, enquanto Madre Clélia se dirige sorridente em direção à nova madre.

– O Senhor te abençoe, querida Madre Marcellina!

– Não, não é justo! Quero responder pessoalmente às calúnias que se ouvem contra a senhora...

Madre Clélia lhe aperta afetuosamente um braço.

– Antes de tudo, desejo que tu agora me trates de tu.

– Será muito difícil para mim.

– É um favor pessoal que me deves fazer. Hoje à tarde, os meus Cem Corações são todos para ti! Com estas palavras a Fundadora dá a bênção à coirmã. Sua memória retoma o dia em que a encontrou em Monza, na sua casa. Agora se vive uma passagem de títulos que nada tem de traumático para Madre Clélia e que, por outro lado, coloca em grande embaraço a neomadre Marcellina.

– Obrigada, Madre Clélia! Sinto-te realmente muito próxima. Agora, porém, devo deixar-te porque tenho algumas coisas para preparar e

– Vai tranquila, não te preocupes! Agora é a sua vez.

A nova superiora geral sai, quase correndo, chamada por algumas coirmãs. Iniciam para ela toda uma série de incumbências e de decisões que se sobrepõem. Mas nela há a tendência natural de quem é propensa ao comando. Quem a conhece não se admira. Na sala ficam três: Madre Clélia, irmã Redenta e dom Scalabrini. A primeira que fala é irmã Redenta.

– Madre, eu a seguirei até o fim do mundo!

– Então, saiba que para o momento não vai muito longe, porque vou me retirar em Alexandria!

Madre Clélia já vai além das decisões anunciadas. A sua mente voa para os próximos compromissos.

– Excelência, peço suas orações para a redação das Constituições.

– Elas não lhe faltarão, com certeza! Estou seguro de que terá a inspiração certa. Coragem, Madre! Coragem!

O bispo se encaminha para presidir a Santa Missa. Não foi fácil para ele enfrentar esse momento. Dá-se conta de que as Apóstolas estão prestes a viver uma passagem delicada, mas necessária. Estão esperando o Bispo para vestir os paramentos sagrados da celebração. Tudo se encaminhou bem, talvez também para além das suas previsões.

Se pudesse, tomaria outro café.

CAPÍTULO 24

O fato

Existem fatos que caem inesperadamente sobre a realidade e criam um constrangimento indizível. Algumas vezes tornam-se marcantes, fixando-se na memória coletiva, contados e lembrados por todos. Outras vezes, caem num misterioso e perfeito esquecimento, tanto que não deixam rastros por muito tempo. No entanto, se recuperados e tornados públicos, eles podem oferecer chaves de leitura interessantes para compreender e conhecer plenamente o mais profundo valor de uma pessoa, sua coerência, sua humanidade e inteireza.

Estamos falando de Madre Clélia Merloni, como sempre.

Mas vamos por partes. A nomeação de Madre Marcellina como superiora geral da congregação é uma promoção para toda a família Viganò. Irmã Irene e irmã Nazarena se organizam para sustentar de todos os modos possíveis a nova responsabilidade da irmã. Sentem-se mais fortes. Além disso, a presença dos seus pais em Piacenza agora não é mais um problema.

Uma família que encontrou um serviço, uma colocação precisa inquestionável. O fato é que essa situação é uma anomalia em uma congregação, com consequências inimagináveis. E depois, há sempre o imponderável. Um fato que ninguém jamais poderia prever e que coloca fatalmente em total agitação o clã familiar. Um fato que é interpretado como uma ferida, uma afronta, uma vergonha que deve ser apagada da história.

A irmã mais jovem, irmã Gesuína, é a causa. Tímida, sempre com um pé atrás em relação às outras, às vezes problemática, não consegue entrar plenamente na missão que agora lhe compete: a de irmã da Madre Geral. Não resolveu totalmente a direção que deve tomar o seu percurso de vida, ao ponto de confiar periodicamente a Madre Clélia as perguntas ainda sem resposta que dizem respeito à sua vocação. Tudo isso é comunicado abruptamente à sua irmã mais velha, há pouco tornada madre. O fato é incompatível com a vida do convento. Madre Marcellina entra em um turbilhão de dor, rancores e de desespero. O que fazer? Como lidar com isso? E, sobretudo, como esconder isso? A resposta é: Madre Clélia é quem deverá pensar nisso. Madre Marcellina não se dá paz. A sua mente galopa e fica assoberbada pelas consequências de um escândalo iminente, sobretudo pelo cargo de madre geral. Sua ansiedade se deve ao fato em si, e ainda mais ao sobrenome que traz essa irmã: Viganò.

Há apenas um grande objetivo a perseguir: esconder, esconder e continuar escondendo. Não há outro caminho. É preciso viajar para Alexandria e deixar este *encargo* a Madre Clélia, no mais absoluto sigilo. É manhã cedo quando as duas mulheres chegam ao convento, no centro de Alexandria. Madre Marcellina arrasta a jovem irmã com força e com gestos enérgicos e velozes. Às vezes ela a puxa, enquanto Irmã Gesuína soluça e deseja escapar. Quase lá, a jovem para; tem medo, não quer entrar. A irmã mais velha não perde tempo.

– Mexe-te! Eu te disse mexe-te!

– Eu não consigo...

– Basta! Vamos!

Madre Marcellina está fora de si. Não permite soluços e mal pode esperar para encontrar proteção dentro das paredes do convento. Arrasta a irmã pelos últimos metros e o portão se fecha atrás delas. Irmã Redenta está um pouco longe e não compreende o que está acontecendo.

– Madre, o que há de errado?

– Onde está Madre Clélia? Devo falar com ela agora! É muito urgente!

– Espera, espera... Vou ver!

– Eu não espero...

Irmã Redenta procura antecipar o passo rápido de Madre Marcellina e o consegue com dificuldade, até chegar no escritório de Madre Clélia, que está concentrada escrevendo.

– Desculpe-me, Madre, mas a superiora chegou de surpresa.

Mal tem tempo de acabar de falar e Madre Marcellina já está dentro do escritório junto com irmã Gesuína, arrastada por um braço até ser empurrada sobre o sofá.

– Infelizmente não estou só! Precisei trazer também ela comigo, que vergonha!

Para Madre Clélia, é uma situação inusitada.

– Um instante, por favor! Fiquem calmas!

Enquanto isso, Irmã Redenta desaparece, percebendo que é melhor sair de lá, enquanto a Fundadora acolhe o sofrimento de Irmã Gesuína e se preocupa com ela.

– Fique tranquila, Irmã Gesuína...

Madre Marcellina não pode mais ouvir este nome.

– Não! Ela voltou a ser chamada de Maria Bambina. Mesmo que não seja sequer digna deste nome de batismo!

Irmã Gesuína, entretanto, não consegue conter as lágrimas e está em um evidente estado de prostração.

– Estou desesperada... Por quê? Por quê?

– Agora ela se faz de vítima! – Acrescenta Madre Marcellina – Com tudo quanto fizemos por ela... E agora? Você está arruinada, é uma desvalida!

Para Madre Clélia é uma dor imensa ver uma Apóstola que se expressa com essa violência verbal. É inaceitável! Não se pode ouvir isto dentro dessas paredes.

– Eu não queria, não queria, Madre... Não sei mais o que fazer... – Não importa se és Irmã Gesuína ou Maria Bambina. O Senhor te quer bem!

A sensibilidade da Fundadora é grande e talvez já tenha compreendido tudo, mas não tem pressa de descobrir as coisas. Basta-lhe sublinhar o mandamento sobre o qual se fundamenta o seu caminho de mulher consagrada Apóstola.

– O Senhor está sempre perto de ti, não te abandona nunca. Uma certeza absoluta que deve animar cada ação cotidiana. Não tem um ser humano que não mereça esta proximidade de Deus.

Por outro lado, Madre Marcellina não consegue acalmar o ressentimento contra sua irmã, por ver sua reputação em risco.

– Diga à Madre! Diga a ela porque estamos aqui! Tenha coragem de uma vez!

– Não, não... Por favor!

– Mas agora você vai pagar caro. E não conte com a minha ajuda. Você enganou tudo a todos. E então...

– Chega!

O grito de Madre Clélia interrompe a tempestade de palavras de Madre Marcellina. A Fundadora já suportou muito. Há um tempo para ser paciente e um para rebelar-se. Também Jesus agiu assim no templo, e o faz também ela interpelando com força uma atitude que já não pode mais tolerar.

– Deixe-me um momento sozinha com ela. Quero falar-lhe. Queremos ficar sozinhas!

Não é uma pergunta ou um convite, mas uma ordem com toda a autoridade expressa com um tom que não deixa dúvidas.

A Madre Marcellina não tem senão que abaixar o olhar e sair sem dizer mais nada.

– Pronto, irmã Gesuína. Agora procura acalmar-te. Do que precisas? Queres tomar alguma coisa quente?

O tom é improvisamente mudado. A paz volta inesperadamente, sem deixar sinais de tudo que aconteceu.

– Não tenho necessidade de nada, madre... Obrigada! Desculpe-me por isso...

– Vamos, vamos... Procura ser forte.

– Estou com vergonha. Estou sozinha, sem ninguém!

– Mas eu estou aqui. Tu sabes que, para ti, eu sempre estive.

O tom de Madre Clélia é verdadeiramente materno. Fala com a jovem mulher em sua frente como se fosse a única pessoa no mundo. Uma atenção profunda, exclusiva, total, que é fruto da sensibilidade ditada e fundamentada na Palavra evangélica.

Irmã Gesuína levanta o olhar, toma força e fôlego, agarrando-se ao sorriso da Madre.

– Espero uma criança.

CAPÍTULO 25

Os biscoitos feitos em casa

"Espero uma criança." Uma frase simples, clara, a mais natural possível. Uma frase que atravessa o tempo, os usos, os costumes, as culturas mais diversas. Um anúncio de vida que frequentemente é acolhido como uma bênção tão esperada que cria comoção e alegria irracional. Um momento indelével que se fixa no coração de uma mãe que o anuncia e de um papai que o escuta. Mas nem sempre é assim.

A vida que está por desabrochar não faz nascerem só sorrisos, e as lágrimas, às vezes, não são de felicidade, mas de dor, de sofrimento, de perplexidade. É uma das grandes contradições deste mundo e da fragilidade da natureza humana. Não existe um fato capaz de unir todos os confim e latitudes em uma única reação.

O milagre da vida pode não ser compreendido, não partilhado e não acolhido. Mas a vida é um dom sagrado, sublime, maravilhoso. Não é possível ignorá-lo, porque a mulher e o homem são feitos para acolher e não para afastar, são feitos para amar e não para abandonar, são feitos para fazer nascer e não para fazer morrer. Madre Clélia reage com o espanto da Fé.

Frente a ela está uma religiosa, com o nome de Irmã Gesuína que, como as outras, fez o voto de castidade e faz parte de uma congregação religiosa. Mas frente a ela, além daquele véu, daquela touca, daquele hábito, está sobretudo uma mulher, um ser humano em quem uma criatura encontrou casa.

Madre Clélia se deixa surpreender pelo mistério de um nascimento e fixa aqueles olhos perdidos, assustados, vencidos, que repetem frases desconexas jogadas a granel.

– É verdade! Estou arruinada, traí a sua confiança!

Uma ruína anunciada e apresentada pela irmã como uma vergonha marca definitivamente um caminho que deve ser interrompido e esquecido.

– Eu não te deixo só!

Não é uma resposta, é A RESPOSTA. Porque à vida não se pode responder com o abandono.

– Não mereço nada... devo desaparecer...

São as únicas coisas que Irmã Gesuína tem em mente, que confunde o fim do percurso como religiosa com o fim da existência inteira.

– Não! Tens que pensar na tua criança.

É o chamado de Madre Clélia para a responsabilidade. Com toda a sua maternidade, fala e acolhe uma futura mamãe, uma mulher que não pode mais contar só consigo mesma. A sua mente não pode pronunciar-se só em nome de um *eu*. Deve entrar em uma nova dimensão, aquela do *nós*. Madre Clélia tem tudo claro à sua frente. Em suas palavras não há teoria abstrata, mas muita concretude.

– Irmã Gesuína deve novamente abrir espaço para Maria Bambina que se prepara para tornar-se mãe. Agora vocês são duas e, se quiseres, aqui poderás encontrar uma ajuda.

Um discurso que desestabiliza, pois Maria Bambina sente merecer somente castigos.

– Por que não me prendem? É justo!

Existe uma justiça no abandono? No dar as costas? No esconder? Existe só uma fachada que serve de defesa, lustrada como se fosse uma prataria de estimação? Se o caminho da vocação religiosa se extingue, permanece a pessoa que precisa ser ajudada e protegida, e uma Apóstola não pode discordar disso jamais.

– O que é justo neste momento? Encontrar um abrigo para ti e para quem vai nascer. Mas deves fazer-me uma promessa.

Finalmente os olhos de Maria Bambina voltam a se iluminar.

– O que a senhora quiser Madre.

– Se for uma menina a chamaremos Clélia?

– Sim! Certo! Tudo aquilo que quiser, Madre, mas não o mereço...

Madre Clélia se levanta em direção à mesa que está um pouco longe.

– Aquilo que merecemos somente Ele sabe. E agora fique tranquila. Aqui tenho uns bons biscoitos feitos em casa. Repousa um pouco, pois estás cansada. E procura te cuidar!

A Fundadora acaricia o rosto de Maria Bambina antes de sair da sala. Um gesto de amor que transmite também o cuidado que dará a seu respeito.

Cuidará dela, aliás, delas! Não muito longe dali está uma irmã que anda de um lado para o outro no jardim. Não consegue ficar parada e o seu nervosismo está expresso em cada gesto. Madre Marcellina não consegue acalmar-se e sua experiência diante de Madre Clélia a deixou ainda mais impaciente. O encontro com ela evidenciou uma distância que é dolorosa, mas que parece inevitável.

Sente uma dor imensa e quer interpretar também o pensamento das duas irmãs, irmã Irene e Irmã Nazarena, e dos seus pais que sofrem muitíssimo pela situação. Como de costume, ela quis se responsabilizar pela situação também em nome dos outros e decidir de maneira abrupta, dura e inalterável. A prioridade é não suscitar escândalo, não fazendo alarde sobre o fato.

Madre Marcellina está muito atenta para proteger a sua imagem, a da família e a da congregação. O resto passa para segundo plano. Madre Clélia a encontra com a cabeça baixa em uma atitude estanque, espelho do seu grande tormento. Quando Madre Marcellina levanta o olhar e a vê, os seus olhos estão apagados, sem esperança.

– É muita confusão...

– Mas precisamos ir além, encontrar respostas.

– Quando eu soube, caiu o mundo sobre mim. Pensei na minha família... Depois no que deveria dizer ao bispo... E se o assunto for para os jornais, como fazemos? Dás-te conta? É um verdadeiro desastre!

– E assim pensaste em todos, exceto na tua irmã. Uma Verdade imperiosa de ser ouvida. Palavras fortes que não deixam saída. Madre Marcellina olha muda a sua irmã, como se não tivesse mais palavras. O que pode responder? Aquilo que sentiu é verdadeiro. Então é melhor refugiar-se em uma frase que repete cada vez que se sente em dificuldade.

– Eu tenho muitas responsabilidades!

– Mas tem também um coração.

Dois modelos em confronto. É preciso compreender se são linhas paralelas, se são sempre binários distantes ou se podem convergir. A responsabilidade e o coração podem encontrar-se e misturar-se?

– Tu tens um coração e olhas com convicção para o Coração de Jesus. Irmã Gesuína não está mais aqui, estamos de acordo, mas tua irmã não morreu. Agora ela protege uma vida, te parece pouco?

– Eu devo pensar antes de tudo no bem da congregação!

Madre Marcellina está imersa na responsabilidade assumida e não vai além. A humanidade tem dificuldade de transpirar, como se fosse um dever que não é mais para ela.

– Compreendo-te, mas recorda-te que és uma Apóstola que ama e que perdoa. O resto não importa!

Antes do dever é preciso que exista a pertença a um carisma, o senso de uma vocação. Madre Clélia foi sempre a mesma com ou sem responsabilidade. As suas prioridades são outras. O resto é muito relativo e faz parte dos equilíbrios do mundo que não lhe interessam.

– Agora vai até tua irmã, está repousando um pouco e lhe dei os nossos biscoitos. Se comerem juntas serão ainda mais gostosos.

A Fundadora se afasta, não antes de ter-lhe dado um afago, como tinha feito por Maria Bambina. No fundo, são duas irmãs em dificuldade por duas razões muito diversas.

Madre Marcellina se encontra em companhia somente de seus tormentos. Parada, atingida por palavras que compreende e lhe pedem o verdadeiro motivo pelo qual está ali, no meio do pátio, vestida com o hábito de Apóstola. Depois de um tempo, sobe as escadas e vai até sua irmã que fica surpresa ao vê-la.

– Vim para saborear os biscoitos de Madre Clélia.

Fica em pé. O tempo de encontrar com o olhar de Maria Bambina e de cumprimentá-la.

– Tinha razão, são realmente bons!

Pouco depois sai.

O dia é cheio de compromissos. O tempo corre. O seu passo volta a ser decidido. O olhar seguro. Tudo deve voltar ao que era e, sobretudo, ser envolvido no silêncio.

Os biscoitos não bastam.

A responsabilidade não dá trégua.

CAPÍTULO 26

A vida e a morte

— É uma menina! Uma belíssima menina! Ir. Redenta corre como um raio, sobe os degraus dois a dois e não vê a hora de dizer a Madre Clélia.
— E Maria Bambina?
— Está muito bem! Deus seja louvado!
Uma notícia que traz bons ventos, de vida e de esperança. A pequena Clélia terá muitas mães no convento de Alexandria. A novidade marca um período que merece ser guardado. Há uma atmosfera de grande partilha entre as irmãs, o trabalho da Regra do Instituto está indo bem.

A Casa de Alexandria é um ponto de referência para muitas necessidades e emergências dos alexandrinos. A porta está sempre aberta para meninas, famílias, pobres, para todos aqueles que procuram uma resposta. A pequena Clélia nasceu num ambiente de crescente caridade, de amor e de fé. Um momento inesquecível para Madre Clélia que finalmente encontrou o próprio espaço. Até o bispo, Dom Capecci, é muito atencioso e próximo de suas atividades e do seu apostolado. A congregação se expande. O número de comunidades está crescendo na Itália, também nos Estados Unidos e no Brasil. Para esse último país, Padre Gaetano Masotti decidiu transferir-se como tinha profetizado Dom Scalabrini.

Tudo para o melhor!

O choro de uma recém-nascida era o faltava para coroar essa vida plena e intensa. Quando aparece a mãe com o berço, é todo um enxame de conselhos e de atenções. As religiosas competem para segurar a bebê nos braços, tanto que é difícil encontrá-la deitada no carrinho.

De vez em quando Madre Clélia levanta a voz para tentar acalmar as irmãs e não mimar demais a pequena. Na verdade, às vezes ela diz isso apenas para conquistar um espaço só dela, ela e a sua homônima, em silêncio, para embalá-la tranquilamente. A criança traz uma energia a todos os ambientes e também nas relações que animam o convento e desfrutam desse *providencial vento benéfico*. Uma pequena vida pode fazer milagres em uma comunidade.

Madre Clélia reserva também muitas atenções para Maria Bambina, que reencontrou a si mesma e o sentido do seu caminho. Agora trabalha para uma família abastada de Alexandria que a acolheu não só como governanta, mas também para fazer companhia à anciã, mãe do patrão da casa.

– Estou muito bem. Estou contente porque me compreendem e me tratam sempre com grande respeito!

– Você viu, querida Maria Bambina? Providência! Quantas vezes eu lhe disse? Deixemo-nos guiar.

– A senhora tem mesmo razão, Madre. Existem momentos nos quais se vê somente escuridão e não se consegue compreender que tudo pode mudar, pode melhorar.

– A quem você diz isto! Sabe quantas vezes já passei por momentos complicados? Não sei mais contá-los, mas lembre-se que o Senhor não pode nunca nos abandonar, sempre há algo que pode acontecer, creia-me! Devemos deixar-nos surpreender!

As duas mulheres estão sentadas em um banco do jardim do convento. O ar é claro e agradável também para a recém-nascida que, reclinada em seu carrinho, está muito silenciosa.

– Olha como ela adormeceu...
– Dorme sempre. Se acorda é somente para comer. – Responde a mãe.
– Vê-se que é tranquila e boa como você!
– Não, não! Minha mãe sempre me disse que de pequena eu nunca dormia. Clélia, Clélia, você, ao contrário, gosta mesmo de dormir!

Maria Bambina procura embalar a filha movendo o carrinho, enquanto Madre Clélia se deixa embalar por aquele nome que é muito repetido, orgulhosa de tê-lo decidido como sinal de amor em um momento tão dramático.

Parece ter passado muito tempo desde aquele dia, aqueles choros, aquela dor. Agora estão sentadas à sombra de uma grande oliveira, conversam na paz e em companhia de uma criança chamada Clélia.

– Vamos, deixe-a dormir. Terá tempo para ficar acordada.

Apesar do diálogo sereno, Maria Bambina de repente se enche de raiva. Um pensamento a atormenta.

– Às vezes penso no futuro dela...
– Não se faça muitas perguntas. Agora procure criá-la bem. Saiba que estamos aqui!
– Eu sei... mas quem sabe se ela vai ter uma vida fácil...

Maria Bambina talvez pense na ausência do pai que para ela constitui um fardo e, em alguns ambientes, uma mancha que cria preconceitos difíceis de superar. Madre Clélia quer tranquilizá-la em todos os sentidos.

– Não se atormente. Ela fará seu próprio caminho e escolherá as coisas certas para ela!
– Espero que tenha as ideias mais claras que sua mãe...

A pequena crise de Maria Bambina foi interrompida pela chegada de Irmã Redenta. A sua expressão não promete nada de bom.

– Desculpem... desculpem... Madre, chegou uma terrível notícia... Sua excelência, Dom Scalabrini... Abaixa o olhar e balança a cabeça. Não consegue completar a frase.

Ninguém esperava pela sua morte.

– Era um homem bom... Muito bom... Madre Clélia se levanta e diz espontaneamente aquilo que o coração sugere, enquanto Maria Bambina, aproveitando o momento de abatimento, se distancia com a sua recém-nascida.

– Temos que ser fortes! Perdemos um ponto de referência aqui. Esperamos que nos proteja lá de cima.

Irmã Redenta não consegue controlar a comoção.

– Tínhamos ainda muita necessidade dele...

– É verdade! Mesmo quando não estava de acordo com as suas escolhas, eu o reconhecia como um homem de ânimo inspirado e justo. – Depois de um longo respiro, Madre Clélia prossegue – Muitas coisas poderão mudar! Deixemo-nos guiar pelo Senhor.

– Devemos estar unidas.

– Agora, porém, quero ficar um pouco sozinha. Desculpe, Irmã Redenta.

A coirmã se afasta e Madre Clélia se sente um pouco debilitada. Entrega-se a um choro evidente que é pleno de reconhecimento e de tristeza pela falta de um guia seguro e de um homem que a compreendeu profundamente.

As suas bênçãos chegaram sempre no momento oportuno, junto com palavras de conforto e de sorrisos que comunicavam uma humanidade inspirada e um olhar que enxergava longe. Madre Clélia se apoia em uma grande árvore de oliveira e vive o seu *jardim das oliveiras*. Sente que está para começar uma nova via sacra. Dom Scalabrini a tinha colocado em

A VIDA E A MORTE

proteção das calúnias e ataques gratuitos. Agora a tempestade poderá recomeçar.

Contempla, olha o sol a brilhar através da espessa folhagem das oliveiras e, de repente, se sente mais frágil. Ela também gostaria de dizer "Afasta de mim este cálice", mas não pode. Como Jesus, deve ser capaz de superar este momento de fraqueza. Deve continuar seu caminho guiada somente pela Fé que sempre a acompanhou. Guardar-se de ter medo.

Uma criança acabara de nascer e um bom bispo tinha concluído a sua existência. Os momentos se alternam como notas em uma partitura musical.

Mas o amor, como a Vida verdadeira, não acaba nunca.

CAPÍTULO 27

A resiliência de Madre Clélia

Madre Clélia compreendeu tudo. A morte de Dom Scalabrini iniciou uma nova fase de sofrimentos indizíveis. Pesos excessivos para serem carregados por uma mulher que nunca teve uma vida fácil.

O seu caminho não pode ser representado por uma linha reta, mas por uma curva com grandes subidas e descidas imprevistas. No entanto, ela é resiliente. Tem a capacidade de enfrentar tudo quanto lhe acontece e sai ainda mais forte das dificuldades. Resiste, reorganiza-se, recomeça e reinventa objetivos e esperanças novas.

É a resiliência da Fé. O desejo de imitar Jesus Cristo é sua única referência. Cada pulsação do coração, cada respiro é oferecido a Ele, àquele Sagrado Coração que a sustenta, doando-lhe uma força que vai além das possibilidades humanas. Pode-se até chegar a pensar que contra ela exista uma verdadeira fúria que supera as mais fantasiosas tramas literárias.

Depois da morte do bispo de Piacenza, voltam os ventos das calúnias que a atingem direta e indiretamente, a tal ponto de provocar três visitas apostólicas. Uma a cada ano. Um triênio pesadíssimo.

1909: primeira visita apostólica
1910: segunda visita apostólica
1911: terceira visita apostólica

Nós as recordamos assim porque é importante não esquecer, repetir mentalmente a inquietante sucessão dos eventos e imaginar que foram para ela estações de uma Via Sacra em que cai para depois levantar-se sempre com todas as suas forças. A visita apostólica é um instrumento útil para acertar situações frágeis e problemáticas de vários tipos nas comunidades religiosas. No caso de Madre Clélia, traduz-se em inspeção, colóquios, interrogatórios, controle, verificação e investigação de fatos comunicados por fontes não confiáveis que desejam manchar, caluniar e obscurecer os fatos para desacreditar a sua pessoa e o trabalho realizado.

Madre Clélia reza. Responde a todas as perguntas. Irmã Redenta, que se distingue por um caráter instintivo e pouco inclinado à pacificação a qualquer custo, não aguenta mais ver o que acontece. Está muito preocupada com a saúde de Madre Clélia, que mostra sérios sinais de declínio, e faz de tudo para protegê-la. Do seu jeito, procura manter vivo o clima do convento e se empenha a fazer-se de filtro entre Madre Clélia e todas as pessoas que perguntam por ela.

Todas... Incluída a superiora geral, Madre Marcellina, recém-chegada dos Estados Unidos em Alexandria.

– Não é possível! Aquilo que aconteceu aqui vai além do bem e do mal! É tudo um absurdo!

Madre Marcellina é atingida pela voz de Irmã Redenta, que a encontra logo na entrada no convento como um raio em céu sereno.

– Não levante a voz...

– Mas você não pode entender o que sofremos aqui nestes anos. É demais! Não sei como não enlouqueci.

A superiora geral tenta fazer com que a irmã reflita e não quer iniciar uma discussão sem fazer ponderações.

– As questões devem ser enfrentadas com responsabilidade, uma de cada vez. Se vocês soubessem o que eu tive que enfrentar na América...

Ainda aturdida pela longa viagem de navio, Madre Marcellina não esperava essa recepção tumultuada. Não compreende a agressividade verbal de Irmã Redenta, que não tem nenhuma intenção de se acalmar.

– A mim não interessa a América! Cada uma tem os seus problemas!

As palavras têm um peso, e desta vez irmã Redenta provoca uma resposta da autoridade que lhe pede para abaixar o tom com a sua superiora.

– Não responda deste modo! Somos agora uma grande família e os meus problemas são também os seus.

– Mas, Madre! A senhora tem ideia daquilo que tivemos que enfrentar? Três visitas apostólicas, acusações de todo o tipo contra Madre Clélia... E isso é injusto!

Irmã Redenta decide revelar algumas reflexões que a atormentam.

– Mas as calúnias não caem do céu, olhe bem para mim! As calúnias nascem dentro das paredes do convento, e ninguém, enfatizo, ninguém pode dizer-se inocente!

– Não tenho medo do seu olhar.

– Nem eu do seu. As suas irmãs fizeram a sua parte!

A acusação é detalhada, e Irmã Redenta não consegue refrear uma convicção que é muito mais que uma suspeita. O grupo das irmãs Viganò deve ter trabalhado muito contra a reputação de Madre Clélia. Tirando Maria Bambina, que agora vive e trabalha em Alexandria cuidando da filha, também graças ao apoio das irmãs, tem Irmã Nazarena e irmã Irene, que por uma preferência parental contribuíram muito para alimentar as críticas contra a Fundadora.

Sabe-se que, às vezes, os parentes, para favorecerem um membro da família, não conseguem evitar e exageram a ponto de causar danos difíceis de calcular. É o que aconteceu entre as Apóstolas. Um rio de inferências e fofocas que infelizmente provocou uma avalanche de proporções consideráveis, nem muito desejada pela própria superiora geral, Madre Marcellina.

Agora, voltando da América, ela é forçada a tomar conta de uma situação seriamente comprometida e difícil de administrar. O ataque frontal de irmã Redenta a machuca muito e lhe provoca uma reação descomposta e inevitável.

– Quero falar com Madre Clélia. Não quero perder tempo com você, e me agradeça, porque hoje estou cansada e particularmente bem, caso contrário, você faria as malas. Tenho algumas destinações em mente que a tranquilizariam!

A atmosfera se faz tensa. As duas mulheres realmente chegaram a um enfrentamento direto. Por um lado, Madre Marcellina está ainda cansada pelos problemas na missão americana e pelo cansativo retorno à Itália. Por outro lado, Irmã Redenta acumulou muito sofrimento no decorrer dessas três visitas apostólicas, que a colocaram emocionalmente a duras provas. Madre Marcellina se afasta com atitude enérgica de senhora da casa, que não precisa pedir permissão para ninguém.

Para a Irmã Redenta não resta senão uma última mensagem, dita em voz alta, enquanto a irmã se afasta.

– Eu estarei sempre ao lado de Madre Clélia, não se esqueça disso nunca!

Uma declaração de pertença que já não tem resposta. Madre Marcellina não olha mais para trás e deixa que essas palavras permaneçam suspensas no vazio e no silêncio. Uma situação complicada. Madre Clélia deverá apelar para todo o seu equilíbrio e para sua inspiração.

Deverá ser muito resiliente.

CAPÍTULO 28

A mão-aberta

– Pelo que vejo, gostas muito de desenhar!
– Muito! É o que eu mais gosto.
– Então, quando fores grande, queres ser artista? Uma pintora?
– Não sei! Ainda não decidi...
– Certo! Não tenhas pressa. O que farás, somente o Senhor sabe.

Madre Clélia está sentada, olhando os desenhos feitos por Clélia. Já cresceu, é uma linda menina de oito anos, com os olhos e os cabelos pretos, o olhar profundo e um sorriso que conquista.

A Fundadora quando está com ela no seu escritório esquece de tudo. Os problemas ficam longe e os diálogos com a filha de Maria Bambina são um bálsamo para os seus dias.

A sua paixão é o desenho e gosta de colorir sentada no chão, deixando todos os lápis espalhados, para escolher as cores que prefere. Ao seu lado tem uma boneca de tecido, preferida, da qual não se separa nunca.

A mãe está no trabalho. Com ela tem um belíssimo relacionamento e sabe que, quando ela não está, pode contar com Madre Clélia e, em particular, também com Irmã Redenta que a faz sempre rir muito.

Quando Madre Clélia observa a pequena Clélia, pensa em toda a sua história, nos afãs dos primeiros tempos e no desejo de protegê-la de olhares e perguntas indiscretas. Graças ao céu tudo isso agora é somente uma lembrança. A menina é serena, sociável e com uma inteligência vivíssima, tanto que na escola os professores estão muito impressionados com o seu brilho e os seus resultados.

– Conforme eu penso, quando fores grande tu serás professora.

– Não, eu não penso isso! As crianças depois de um tempo ficam cansadas e não escutam.

– Mas tu te farás respeitar. Com esse olhar conquistarás todos!

A pequena Clélia responde com um sorriso que equivale a um abraço e que quer dizer também, *te quero bem*.

– Me permitem?

Sem ser preanunciada, apresenta-se na porta Madre Marcellina. Uma verdadeira surpresa. Madre Clélia se levanta enquanto a pequena não se abala muito e prossegue colorindo os seus desenhos.

– Vem! Entra, bem-vinda Madre Marcellina! Como foi a viagem de retorno da América?

– Bem, bem... Estou só um pouco cansada.

– Você sabe quem é esta menina?

A resposta está na pergunta. A superiora geral a olha e compreende imediatamente de quem se trata. A sua idade marca o tempo que passou. Parece impossível que os anos tenham voado tanto, assim rápidos. O sorriso daquela menina testemunha-o mais que qualquer outra coisa.

– Queres dizer à madre como te chamas?

– Clélia.

Um nome que reúne uma história, que influenciou a vida de Madre Marcellina.

– Talvez tenhas compreendido quem é...

– Penso que sim.

Madre Marcellina abaixa o olhar. Não consegue interagir com sua sobrinha. Quem sabe uma parte dela quisesse, mas não é simples assim deixar o seu compromisso e assumir o papel da tia que se encanta e se deixa arrastar por um afeto familiar. Madre Clélia não quer deixar ninguém desconfortável e toma uma decisão que pode trazer a calma no seu quarto.

– Clélia, vai brincar um pouco no salão. Logo iremos para lá!

A menina sai, pegando a sua boneca preferida, sem particulares emoções.

– Você viu como ficou grande? – Pergunta orgulhosa Madre Clélia.

– É sim... E a mãe?

– Tua irmã trabalha para uma família não longe daqui. É uma jovem muito trabalhadora.

Madre Marcellina não consegue usar o termo *irmã*, e Madre Clélia lhe faz notar. Não para reprová-la, mas para chamá-la a uma humanidade que poderia recuperar refazendo seus passos para dar atenção e afeto à sobrinha. Mas ainda é cedo para isso, e Madre Marcellina muda o discurso voluntariamente.

– Infelizmente tenho os minutos contados, desculpe, mas devo dizer-te algumas coisas.

– Estou à tua disposição!

A Madre Geral volta completamente a seu papel que interpreta no modo mais convincente possível.

– Antes de tudo, deves dizer à irmã Redenta que foi muito mal-educada comigo. E isso não terá consequências só por respeito a ti, não por ela!

– Imagino, lhe direi. Faz muito mal comportar-se assim. É o seu caráter, mas deve dominar-se. Isso não é correto!

Mas há alguma coisa ainda de mais importante.

– E depois queria dizer-te que não podemos nos calar frente às perseguições que vens sofrendo.

Madre Clélia não reage a essas palavras que exprimem solidariedade para com seu injusto sofrimento. Aprendeu a enfrentar as coisas sem pedir ajuda à autoridade máxima da congregação.

– Afinal, já tenho as costas largas!

– Mas não é justo! Três visitas apostólicas construídas sobre calúnias, é muito para qualquer um! Hão de ouvir-me!

A Fundadora é muito calma. Sorridente no trato. Uma reação que não combina com as coisas que estão dizendo. Ela está em paz com as acusações que chegaram em ordem dispersa e sem uma razão plausível. É tempo de reencontrar um equilíbrio e explicar as inverdades das calúnias às quais teve que responder.

– Veja, algumas acusações são para mim elogios imerecidos. *Contestam-me de ser muito mão aberta nas questões de caridade.* Mas o Evangelho indica talvez qual deve ser a medida de nossas mãos abertas?

Madre Clélia sempre foi generosa com os pobres, e a sua ajuda não tem fronteiras. Ela nunca estabeleceu para si alguma regra. Confia sem cálculos nem convicções, certa de que o Senhor possa realmente restituir tudo o que ela doa.

Por outro lado, Madre Marcellina pede prudência também na caridade. Nela tem o oculto temor de tirar alguma coisa que poderia ser útil para qualquer necessidade das suas irmãs.

– Sobre isso deves ter presente que as exigências das comunidades são muitas...

– Então nós estamos antes dos pobres? – Pergunta simples, mas substancial.

– Sem pensar em nós mesmas, não poderíamos pensar nos pobres.

Mais uma vez, duas visões confrontadas. Duas formas de viver a própria vocação que certamente não se harmonizam entre si. Parte-se de dois pontos de vista muito precisos. O de Madre Clélia é um movimento centrífugo, inteiramente orientado para o próximo e para as necessidades que emergem ao seu redor. O de Madre Marcellina é centrípeto, traz tudo para dentro dela. É o desafio do Evangelho que Madre Clélia vive plenamente.

Ao contrário, a Madre Geral, como o jovem rico do episódio evangélico, pergunta o que fazer para alcançar a vida eterna, mas quando escuta a resposta, vai embora triste porque não consegue praticar aquele desapego fundamental e radical que lhe é sugerido.

Madre Clélia não tem dúvidas.

– Não te deixes escravizar nem pelo ter, nem pelo poder.

– Eu devo garantir uma vida digna e segura às minhas irmãs.

Uma frase ditada por aquele senso de responsabilidade que é escravizante e que corta as asas da coragem nas decisões que deve tomar.

– Atenção, deves chamar-nos de Apóstolas! Chame-nos pelo nome e lembra-te *Apóstolas*, e não *Zeladoras*, que é uma palavra que não tem nada a ver conosco.

– Esta é uma mudança sugerida pelas autoridades da Igreja e vou respeitar. Afinal é só um nome!

– Não, não! É aí que tu te enganas. Não é apenas uma denominação que soa diferente, é a substância que não pode ser mudada.

Mais uma vez surge o debate sobre o nome. A nova definição de Zeladoras é dada sempre com o objetivo de evitar o termo *Apóstolas*, que é visto como para uso exclusivo masculino. Uma batalha que Madre Clélia não deixa de travar, na crença de que não se trata de defender um título, mas de manter firme o princípio básico do qual tudo nasce.

Também as conclusões diversas marcam a diferença de horizontes entre as duas visões comparadas. Madre Marcellina tem um objetivo preciso.

– Vou me mobilizar sempre para dar um futuro a todas nós!

Madre Clélia sublinha sua opção fundamental, segurando em suas mãos o crucifixo que usa.

– E eu, por minha vez, sempre me moverei por isto. Em nome desta cruz estou disposta a pagar um preço altíssimo, e tu não deverás surpreender-te.

– Sê prudente!

– Eu nunca fui. E tu não te surpreendas com isso, agora o sabes. O que eu decidir farei pelo bem da minha congregação, mas sobretudo por Seu Amor.

Madre Clélia está disposta a colocar-se sobre a cruz, com todas as consequências que isso comporta.

A via sacra que ela está percorrendo tem uma saída que parece marcada, e ela não foge do que vê à sua frente. Continua andando para frente, sem nunca olhar para trás. Madre Marcellina também acha que é melhor colocar Madre Clélia sob vigilância. Ela gostaria, de alguma forma, de paralisá-la. À sua maneira, lhe declara o afeto e o reconhecimento que lhe são devidos. Mas nenhuma das duas pode negar a natureza das próprias convicções. A manga[1] é feita da mesma maneira. A diferença não está no tecido, nas costuras ou na confecção. Está no olhar que tem diferentes horizontes.

---

1. Na língua italiana a referência à "manga" da roupa quer evocar aqui uma figura de linguagem ligada à generosidade. Em nossa língua portuguesa, o equivalente se refaz à imagem da "mão": "mão-aberta". (N. do E.)

CAPÍTULO 29

A irmã da Madre

Se o poder pode ser frequentemente uma tentação, ser parente próximo de quem o exerce é um convite à prevaricação. Infelizmente, a humanidade é frágil, e não há papel mais delicado no convento do que o de irmã da Madre Geral. Um papel que em si mesmo não denota poder, mas que, em alguns casos, pode delegar uma autoridade informal que tem o peso de influenciar decisões ou de canalizar informações.

No caso de Madre Marcellina já é agora claro que suas irmãs, Ir. Nazarena e Ir. Irene, são dois pilares que a apoiam e alimentam o consenso em torno dela. Irmã Irene, em particular, por vezes identifica-se com ela, tentando protegê-la, criando à sua volta um escudo que a protege das críticas.

O laço familiar torna-se, portanto, uma possibilidade para sentir-se mais escutada e ter maior influência e respeito. Irmã Irene nunca escondeu a sua grande admiração pela irmã, Madre Marcellina, e uma consequente aversão por Madre Clélia. É fato que as irmãs se dividem entre quem lhe dá sempre razão por conveniência e quem não está disposto a escutá-la para evitar inúteis dissabores.

A sua grande paixão pelas flores é bem conhecida e quando tem um pouco de tempo à disposição, dedica-se ao seu roseiral que cresce no meio do jardim em Alexandria.

Em qualquer circunstância, não abandona nunca os sapatos com alguns centímetros de salto além do estabelecido, que ressoam nos corredores ritmando uma caminhada segura e que preanunciam sonoramente a sua chegada.

– Lamento, mas não posso te dar atenção hoje, preciso terminar de podar as ramas das rosas murchas.

Palavras foram dirigidas à Madre Marcellina, pois, apesar de estar debruçada sobre as suas rosas, está muito atenta a cada movimento e consegue detectar até mesmo as presenças que aparecem atrás dela.

– Hoje te dedicas a ser jardineira?
– Faz-se o que se tem de fazer...
– Vá lá. Sempre gostaste de flores, desde pequena. Não é um grande sacrifício!

Ir. Irene se levanta deixando o arbusto em que estava a trabalhar e olha para sua irmã, para encontrar recordações de casa.

– É verdade! Tu te recordas de quando eu fazia os macinhos de rosas para as nossas bonecas?
– Claro! Éramos tão despreocupadas...

Irmã Irene percebe nas palavras de Madre Marcellina um véu de nostalgia por um tempo que passou e que não era carregado das ansiedades de hoje.

– Tens tantas preocupações, não é verdade?
– Um pouco de problemas, mas não me assustam. Na verdade, me fortalecem!
– Foste sempre muito corajosa. Agora está tudo em tuas mãos. Mas como fazes isso? És verdadeiramente corajosa, sabes organizar tudo. E nós somos cada vez mais numerosas.

A irmã não perde ocasião de louvar a superiora, mostrando todo o seu orgulho.

– A família aumenta e é preciso ficar atenta. Vi quando fui à América, é necessário controlar cada casa, ter muitos olhos... Lá tem aquele padre Masotti agora, no qual confio muito pouco, mas não me dá medo.

– Nada te faz sentir medo... sabes por tudo em ordem. Deixe-me dizer: és tu a verdadeira fundadora!

Novamente uma frase polêmica. Irmã Irene não perde ocasião para diminuir a figura de Madre Clélia.

– És muito boa, minha irmã, mas quero recordar-te que tendes aqui a Fundadora e que ela cria não poucos problemas.

– Não me obrigues a falar. Ela vai indo cada vez pior... Se isolou, está sempre à margem, junto com aquela louca da Irmã Redenta.

– Sobre isto, fica tranquila. Irmã Redenta já está fora do Instituto, faz o que dá na sua cabeça, não tem regras.

– Todavia, aqui ela se sente dona só porque está à sombra de Madre Clélia...

As palavras se tornam um rio caudaloso. Irmã Irene não faz nada para evitar a crítica, ao contrário, cada vez que volta a esse assunto encontra um modo de reforçar tudo o que ela não aprova. Em uma comunidade de pessoas, também as consagradas, não é fácil ter um clima isento de competição e antipatias. Faz parte da natureza humana e não devemos nos assustar.

Madre Marcellina, por sua vez, não se subtrai ao discurso, tendo claro que é importante uma atmosfera de paz e serenidade para viver. Quer rebatê-lo para chamar a sua irmã a parar e refletir sobre aquilo que está dizendo.

– Ouve-me bem: devemos fazer cessar essas críticas, fofocas, calúnias e as divisões.

– Seria muito bonito!

– Devemos fazê-lo! É necessário, a qualquer custo. Não temos escolha. Devo pensar também em manter um clima de dignidade e de fraternidade no convento, sem distinções.

Há em Madre Marcellina um desejo autêntico de pacificação. Nela convivem firmes decisões, que às vezes se acendem pelas reflexões dos familiares, como quando suas irmãs expõem a sua parte menos nobre e menos construtiva, privilegiando aquela que divide. Ir. Irene continua com a ação de adulação nos seus encontros.

– És, na verdade, a melhor de todas nós e deixarás um sinal na história.

– Obrigada, minha irmã! Quando estiver um pouco desanimada devo falar contigo!

– Quando quiseres. Ah, outra coisa... queria dizer-te também que Madre Clélia continua a escrever ao papa. Quer uma audiência porque se sente perseguida.

Madre Marcellina responde segura.

– Deves ficar tranquila. O papa nunca dará uma audiência a Madre Clélia!

Uma frase dura que não quer deixar dúvidas. Qual será o motivo de tanta certeza? Pode-se formular somente hipóteses. Seguramente, as três visitas apostólicas deixaram estragos e um clima desagradável com relação à Fundadora, de modo que não lhe adianta buscar os Sagrados Palácios. Um dado, de fato, que resulta muito claro à Madre Marcellina.

– Se me dizes isso, não penso mais no assunto e volto a pensar nas minhas flores que é melhor.

– Certo! E tu, antes ou depois, deves me dar um curso de jardinagem!

– Não te basta ser Madre Geral? Queres ser também ser madre Jardineira?

Uma bela e sonora risada conclui o diálogo entre as duas irmãs. São confidências e desabafos que periodicamente se manifestam. Irmã Irene pega novamente a tesoura e se imerge no seu roseiral. Não teme enfrentar os espinhos, porque se sente protegida por uma irmã que agora é também madre.

CAPÍTULO 30

A Decisão

Madre Clélia não conhece estradas fáceis. Quando uma pessoa ama, não fica em cima do muro, decide! Retira-se em oração e oferece todos os seus sofrimentos, as dificuldades e os questionamentos. Recolhe-se em adoração e pede a Jesus Cristo o sentido do seu caminho e a direção a percorrer. Não alimenta conflitos ou rancores. O seu refúgio é o genuflexório que a espera na capela do convento. Sozinha com Cristo, diversas horas por dia, o tempo se dilata no silêncio do recolhimento. Irmã Redenta está preocupada. Percebe que a Fundadora está sempre mais desapegada das coisas materiais. Esquece-se até de comer e não pede senão para ficar em adoração a Jesus que se fez pão para conversar com ela. Irmã Redenta quer compreender para onde levará esta contemplação que se intensifica mais a cada dia. Às vezes, a olha de longe e a vê parada, imóvel, de joelhos, com os olhos voltados para o ostensório e o olhar arrebatado em um triste sorriso.

Horas e horas numa imobilidade em que não se percebe nem mesmo a respiração. Aproxima-se passo a passo, sem fazer qualquer ruído, coloca-se ao lado procurando ser invisível e, depois de um breve momento, experimenta iniciar um diálogo em voz baixa.

– Como está, Madre?
– Tudo bem. Deixa-me aqui ainda um pouco.

Irmã Redenta teme pela saúde de Madre Clélia. Gostaria de rezar com aquela intensidade e aquela constância, mas não consegue. Ela é a *mulher do fazer*. Sobretudo quando está muito nervosa não consegue ficar quieta. Então inventa trabalhos, também quando não são necessários. Põe em ordem, limpa, troca de lugar as coisas, fazendo tudo o que pode para descarregar uma tensão que não a deixa tranquila.

– Mas está aqui há muito tempo, deve comer alguma coisa.

– Não te preocupes, estou muito bem. Tenho necessidade de ficar ainda um pouco aqui. Aos pés do tabernáculo passo as horas mais belas da minha vida e será sempre assim.

– Mas também o Senhor não quer que se descuide e deseja que cuide de sua saúde.

– Ele é a minha cura, a única!

A resposta de Madre Clélia é lapidar. Estar com Jesus é o único remédio. Não conhece outras soluções e somente diante do Senhor encontra uma paz que não pode descrever.

– Tudo bem! Eu permaneço aqui esperando!

– Então reza também tu. A oração nunca é suficiente.

Compreende, todavia, a preocupação da coirmã e decide levantar-se do genuflexório e ir sentar-se ao seu lado no banco próximo. Por alguns instantes o diálogo se interrompe e o silêncio envolve as duas mulheres que estão sentadas uma ao lado da outra, com os olhos fixos no ostensório que contém Jesus Sacramentado. Madre Clélia tem uma pergunta que volta continuamente.

– Chegou uma carta para mim?

– Nada, Madre, não chegou nada. Sei bem o que pensa...

– Espero que o Papa receba minhas cartas.

– E quem o pode dizer?

Irmã Redenta abre os braços num gesto de dúvida. Ela tem desconfianças que não a deixam tranquila.

– Eu quero falar com o Papa, tenho muitas coisas para dizer-lhe.

– Não deve esperar muito, Madre.

– Por quê?

– Quantas vezes lhe escreveu e ele nunca respondeu?

Madre Clélia sofre ao ouvir esta pergunta. Contém um impulso de comoção que procura mudar em oração. Na frente está o ostensório que contém o Corpo de Cristo. O mistério de um Deus que se faz pão e que quer alimentar a todos os seus fiéis.

A Madre tem extrema necessidade desta linfa vital que quer adorar, contemplar para deixar-se inspirar. A Fundadora tem a expressão de quem procura na mente as palavras certas para exprimir uma escolha já feita.

– Ouve-me bem, Irmã Redenta. Penso que tenha chegado o momento de tomar uma decisão e o faço para o bem da Congregação.

– Não entendo, Madre. O que quer fazer?

Madre Clélia tem um olhar decidido percebe-se que aquilo que está para dizer custa-lhe muita fadiga.

– Devo colocar-me de lado.

Madre Clélia pronuncia distintamente as palavras como se estivesse lendo na sua mente. São o anúncio de uma ideia que há algum tempo cultiva no coração. Agora sente o dever de partilhá-la com a pessoa que está a seu lado há muitos anos e que viveu com ela as dificuldades experimentadas.

– Renuncio a tudo e me vou.

– Mas é uma loucura, Madre...

Irmã Redenta revolta-se. Não quer permanecer inerte frente ao anúncio de uma verdadeira e própria renúncia voluntária. Sente-se em guerra e não quer resignar-se. Madre Clélia compreende e procura confortá-la.

– Escuta. Rezei tanto, não me sinto vencida. Aqui não alguém que vence ou que perde. Amo demais esta família e se alguém ama deve saber renunciar a tudo!

Tudo deve ser emoldurado com a chave do Amor. É por ali que passa o critério de todas as decisões. O Amor com A maiúsculo, que não pode ser trocado por nada, que não teme o passar do tempo e que exerce influência sobre todos os comportamentos.

O Amor é capaz de dar um sentido às situações que se alternam no decorrer da vida, compreendidos os tormentos que tanto fizeram sofrer ambas as mulheres, que agora se falam no recolhimento de um lugar sagrado.

– Eu estarei pronta a resistir, a lutar... A fazer guerra!

– Mas o que dizes? Qual guerra? Lembra-te sempre: sem humildade não há santidade. Devemos ser humildes!

Uma vez mais o chamado à humildade. Algo essencial que vai e volta para que se faça uma leitura da própria vida. Madre Clélia não se admira pela atitude de Irmã Redenta. Conhece-a bem! Mas chegou o momento de dar um salto para frente. É necessário e não se pode mais continuar adiando. É preciso iniciar uma fase nova que pede o maior dos sacrifícios para receber o máximo do Amor. É a regra do Evangelho: os últimos serão os primeiros e isso exige uma imersão total na humildade, sem qualquer condição.

– Mas devemos também ser justas... Onde está a justiça?

– A justiça? Mas o que é a justiça? Eu não me deixo tentar... Se amas, podes decidir perder tudo!

Irmã Redenta aceita, mesmo não concordando.

– Estarei sempre ao seu lado, Madre!

– Então, esquece os rancores e perdoa! Perdoa sempre. Quero também desligar, desligar-me dos meus votos, desejo despojar-me de tudo para ficar só com o Senhor e basta! Como agora.

A DECISÃO

– Desculpe-me! Às vezes, tenho dificuldades... Eu, com a senhora, vou até o fim do mundo, a qualquer custo. Um dia eu também compreenderei

– Mas tu não deves compreender, deves amar, só e somente amar, renunciando a qualquer outra coisa. Além do Amor tudo é supérfluo, todas as coisas ficam em segundo plano. Agora deixe-me ficar um pouco tranquila em oração diante Dele. Só aqui me sinto bem. Desculpe-me.

Irmã Redenta se levanta. Não tem mais nada para acrescentar. As palavras acabaram e é tempo de meditar. Coloca por alguns instantes a mão sobre o ombro da Fundadora, como gesto de pertença total aos seus pensamentos, e faz o sinal da cruz antes de retirar-se.

Madre Clélia fica sozinha.

O Amor está no centro da sua vida e daquele altar que está a sua frente. O Amor é o pão partido que guia os seus passos e a sua decisão. Uma decisão dramática que iluminou o seu rosto com um sorriso que não quer abandoná-la.

É o sorriso do perdão.

CAPÍTULO 31

Partir

A notícia não pode permanecer escondida. Pouco a pouco, entre os muros do convento, ecoa e chega a todas as Irmãs.
– Mas é verdade?
– Também ficaste sabendo? Quem foi que te disse?
– Não lhe perguntamos nada...
– E Irmã Redenta?
– Estou pensando de unir-me a elas...

Sabe-se que uma bolinha sobre uma base plana inclinada, quando parte, gradualmente atinge velocidade e fica impossível detê-la. É uma lei da física. Assim acontece em Alexandria. A notícia ganha velocidade e levanta voo.

Madre Clélia está imperturbável e sabe bem que o seu comportamento deve ser irrepreensível e, sobretudo, não deve fazer proselitismo. Por consequência, vive com grande sobriedade as semanas que a separam do dia da sua saída do convento. Não quer nenhum momento de saudação oficial, menos ainda uma procissão das coirmãs que a abraçam no limiar da porta. A sua escolha é pessoal, não tem qualquer desejo de cisão ou de fundação de outra família religiosa.

Irmã Redenta, por sua vez, não se conforma. Ela fala, confronta, não teme nada, angaria acordos e adesões de irmãs que querem seguir a Madre. Um serviço que não a aborrece, ao contrário, dá mais coragem, enquanto diz às interessadas para se mudarem após o dia fatídico da saída dela e da Fundadora: dia 24 de junho de 1916.

É tempo de guerra na a Itália. A primeira guerra mundial. Nas cidades tocam os sinos da paróquia toda vez que um jovem do lugar é morto por aquela que o Papa Bento XV definirá como "um massacre inútil".

Uma guerra de trincheira que parece tão distante do coração de Alexandria. Muitos jovens são sacrificados, provocando o desespero das mães que não verão mais os seus filhos voltarem. Entre os muros do convento, as orações para pedir a paz se intensificam, mas há outra dor, palpável, que ninguém ousa admitir em voz alta: Madre Clélia está indo embora. Está concentrada em verificar as bagagens preparadas com cuidado por Irmã Redenta!

– Deve estar tudo aqui, não é?

– Sim, Madre! Verifiquei mais uma vez. Mas a senhora não está bem...

Impossível não perceber as condições precárias da saúde da Fundadora que caminha com dificuldade e tem uma cor pálida, marcada pelo sofrimento não só espiritual, mas também físico.

– Não te preocupes. Faz alguns dias que sofro, mas passará!

– Vou colocando as malas na carroça.

O cocheiro já está na estrada pronto para partir. Madre Marcellina sente um constrangimento que não consegue disfarçar. Não consegue assumir aquela atitude que comumente a caracteriza nos momentos oficiais e que lhe dá um tom de competência indiscutível. Aproxima-se de Madre Clélia com uma timidez que de há muito tempo não experimentava.

– Respeitei aquilo que me pediste, estou aqui só eu para saudar-te. Dize-me o que posso fazer.

– Obrigada! Não deves preocupar-te por mim. E saiba que não gosto dos adeuses.

– Ainda espero que se trate de um até breve. Cuida-te, não estás bem!

– É só um pouco de cansaço, não é nada.

Madre Clélia minimiza um estado de evidente prostração. Descuidou-se e ofereceu ao Senhor todas as dores físicas dos últimos tempos. Tem um limite muito alto para suportar o sofrimento, que lhe permite resistir e permanecer em pé. Olha a coirmã com olhos maternos, e o seu pensamento volta ao passado.

– Parece ontem quando entraste em Viareggio... E hoje me acompanhas à porta.

Palavras pesadas pronunciadas com uma pureza e uma ingenuidade que machucam ainda mais a sua interlocutora.

– Queres fazer-me sentir culpada?

– Não, crê-me, são só lembranças. Antes, se chegar uma carta do papa, te peço que me avises.

Irmã Redenta anda para lá e para cá para transportar as bagagens até a carroça e enquanto isso escuta. Neste caso não consegue senão fazer parte da conversa.

– Madre, aquela carta não chegará nunca! Em compensação, a aceitação da dispensa dos votos chegou logo, como um relâmpago!

Madre Clélia levanta a voz em tom de forte repreensão. Não aceita este jeito de agir.

– Peço-te de parar com estas polêmicas, basta! Hoje vira-se a página!

– E é por esta nova página que te peço que aceite isto, – diz Madre Marcellina, entregando-lhe um saquinho que contém dinheiro – te servirá para os primeiros gastos. Sei bem que te acompanharão outras coirmãs, deveis viver e manter-vos!

A superiora geral, também neste caso, está concentrada nas coisas concretas e não deixa espaço aos discursos carismáticos.

Não consegue tirar da mente o dia em que Madre Clélia entrou em sua casa, em Monza. Um instante que lhe mudou a vida e que nunca o esqueceu. Faria de novo tudo o que viveu e abençoou aquele instante em que conheceu a Fundadora, que ainda hoje a convida a voar alto.

– Que bom! Obrigada! Aceito a tua ajuda, mas não te deixes esmagar pelas preocupações materiais, vai além!

– Não é fácil! Eu devo cuidar de tudo!

– Mas não se vive somente de pão, deixa-te inspirar pelo verdadeiro Pão da Eucaristia e do Sagrado Coração!

Palavras que chegam como uma reprovação não desejada. Madre Clélia deseja só amar e basta. O seu pensamento é sincero e deseja que seja uma carícia nos conflitos daquela jovem que encontrou e que agora cresceu e fez o seu caminho. Mas o tempo urge. As bagagens estão todas carregadas e o cocheiro está pronto a partir. Irmã Redenta intervém sem pedir desculpas.

– Madre, devemos ir!

– Está bem, então precisamos nos despedir. Te abençoo com 100 corações! – Madre Clélia se despede com um sorriso e um abraço caloroso.

Chegou o momento de fazer o gesto mais doloroso, mas necessário. Tira a touca preta da congregação, aquela histórica dos inícios que ela continuou a usar, e a entrega nas mãos da Madre Geral. Cobre a cabeça com um grande xale preto deixando uma sensação de desorientação no olhar da coirmã.

– Desagrada-me... Não queria... – Acrescenta Madre Marcellina.

Madre Clélia despiu-se de tudo, como São Francisco de Assis no momento em que tira as roupas para libertar-se totalmente e abrir-se a uma vida nova, toda oferecida ao Senhor. E Madre Marcellina, como o pai do Pobre de Assis, Pedro Bernardone,

PARTIR

deve ter a atitude de uma mudança de prospectiva, de uma revolução interior radical que tem consequências também visíveis. As últimas palavras são um sinal de reconhecimento inesperado.

– Será uma boa guia para todas – é o que deseja Madre Clélia –, reza por mim!

Tudo recomeça do zero.

A carroça desfila junto ao muro da fachada do convento de Alexandria. Nas janelas do primeiro andar os vultos das Irmãs seguem aquela saída com o abatimento de quem vê distanciar-se uma guia, uma referência, uma luz insubstituível. Sentada sobre o carro, Madre Clélia é recuperada pelo sorriso de Irmã Redenta, que lhe infunde proteção e segurança. Madre Marcellina entra no convento depois de ter visto a carroça desaparecer no afunilamento das ruas do centro. Não tem vontade de falar e não deseja encontrar ninguém. Ela é sempre questionada sobre quem seria para ela a verdadeira Fundadora. A resposta é sempre incompleta por uma sensação de insegurança e de fragilidade que não pode deixar transparecer. Mas não se pode voltar atrás.

Agora é tempo de silêncio.

CAPÍTULO 32

A carícia

Turim quer dizer sacrifício, renúncias, privações. Turim é tormento, é crise. Turim é a tentação de não conseguir. Turim é tudo isso para Madre Clélia. Mas como sempre aconteceu em sua vida, na noite escura há uma única certeza: é preciso atender à chegada do primeiro raio de sol para abrir os olhos e viver o amanhecer de um novo dia. Na capital subalpina, com as suas coirmãs que a seguiram, deve atravessar muitas dificuldades materiais e espirituais, mas nem por isso esmorece o desejo de ir em frente. Quatro anos complicados, que coincidem com o fim da primeira guerra mundial, a consequente crise e a dificuldade de enfrentar as despesas. Faltam os recursos para responder às necessidades primárias.

Afortunadamente nesta cidade tem uma luz clara e imprevista que faz mudar o destino da pequena comunidade: Padre Giuseppe Di Gennaro. Um sacerdote e professor que toma para si o cuidado dessa situação complicada, e a sinaliza, inclusive, ao arcebispo Richelny, que oferece ajuda econômica para evitar uma dramática situação de indigência.

Madre Clélia, depois de ter sofrido tanto por alguns sacerdotes que cruzaram o seu caminho, pensemos em Pe. Leoni, Pe. Gelmini e em Pe. Masotti, finalmente conhece um Padre que manifesta a misericórdia de Deus na sua vida. Talvez tenha sido um caso de que o Senhor, depois de muitos sofrimentos causados por sacerdotes que a enganaram, no momento mais difícil da sua vida queira fazê-la encontrar um Santo Sacerdote, como uma carícia para aliviar das tantas desilusões. Um sinal que dá voz aos tantos padres que, no silêncio e na doação total, vivem o Evangelho entre mil dificuldades e estendem a mão sempre sem interesses pessoais, tão somente por aquele Amor que colocaram no centro de sua vida.

Madre Clélia, no momento em que vive o abandono, encontra uma resposta, um abrigo e um guia graças a um homem de Deus que a compreende, a protege e lhe abre novas estradas para o futuro. De outra parte da Itália, na Puglia, há um jovem frei originário de Pietralcina que vive no convento dos capuchinhos de San Giovanni Rotondo. Chama-se Padre Pio. Dele se fala muito por alguns dons que recebeu, o primeiro entre todos, os estigmas nas mãos e nos pés. Madre Clélia escreve várias vezes a Pe. Pio pedindo conselhos, reflexões e respostas. Quando chega uma carta de Pe. Pio, a Fundadora assume um olhar de extraordinária serenidade. Senta-se e observa o envelope com atenção antes de abri-lo, deixando entender a importância do emitente.

Irmã Redenta já intuiu a especial relação epistolar que muda o humor da Madre e gostaria de saber algo mais, rompendo aquele muro de reserva que tem atrás daquelas páginas.

– Tem boas notícias?

– Sim! É Padre Pio que responde às minhas perguntas.

Madre Clélia fecha a carta e a entrega a Padre Giuseppe Di Gennaro que provoca, inconscientemente, a inveja de Irmã Redenta, que gostaria tanto de ler diretamente o conteúdo da missiva.

– Confias tanto nele... A mim esta história dos estigmas não convence.

A CARÍCIA

Irmã Redenta, diante desta notícia, encontra um pouco de calma e aprova, mas com uma condição.
– Eu vou a qualquer lugar. Menos voltar à Madre Marcellina!

Uma brincadeira irônica, mais que polêmica, também com um fundo de verdade. Madre Clélia, porém, não deixa passar esta intemperança, porque lhe quer bem e pensa que deve aplainar as pontas ásperas do seu caráter.
– Irmã Redenta, por favor!
– Deixe-a dizer, Madre! Resmunga, mas é muito boa!

Padre Giuseppe conclui o diálogo com a calma que o distingue. Agora tem, na verdade, uma bela perspectiva no horizonte. As cinco mulheres junto ao sacerdote podem mudar o lugar, virar a página e a missão para o seu futuro. A carícia do Senhor não tarda a vir. Enquanto isso, Madre Clélia terminou de consertar o que estava fazendo, olha contra a luz com satisfação. Quando se trabalha bem sobre a textura do tecido, não se nota nada.

E tudo parece novamente novo!

CAPÍTULO 33

As respostas que queres

A vida das Irmãs Zeladoras segue em frente. A palavra Apóstola já faz parte do passado, assim como a presença da Fundadora, de quem, entre os muros do convento, fala-se muito pouco. Todavia ela existe e não se pode anular a memória. Madre Marcellina sabe bem disso e convive todos os dias com esse tormento. Várias vezes, em sua vida, refletiu sobre as palavras e os conselhos que lhe deu Madre Clélia. Momentos que não consegue esquecer e que ficam nela, para além de toda a incompreensão. Mais de uma vez, quando os seus olhares se cruzaram, compreendeu as razões e os ensinamentos de Madre Clélia.

Apesar disso, ela sempre quis tomar iniciativas conforme sua visão, que a colocava num outro nível, sugerindo-lhe outras prioridades. Inútil para ela imitar a Fundadora. Permanece, todavia, um respeito profundo que sente e que não pode confiar às pessoas mais próximas. Nem mesmo a suas irmãs! Além disso, pediu para falar com Irmã Irene de quem conhece a fidelidade, amor fraterno e um senso de pertença além de qualquer imaginação. Ela adora a irmã Madre Geral e está pronta a defendê-la como um soldado contra todos. Consegue fazer Madre Marcellina dizer coisas que não poderia. Utilizando estranhos mecanismos mentais, uma espécie de argumentação socrática: fazendo, por meio de perguntas e argumentações, o interlocutor dizer uma verdade inconfessável.

Irmã Irene é direta e não dá muitas voltas com palavras para expressar aquilo que pensa, isso é sempre garantido.

– Eis-me, minha irmã. O que queres me falar?

– Obrigada por estares aqui, queria falar contigo em lugar reservado.

Madre Marcellina encontrou um lugar aberto e longe dos olhos e ouvidos indiscretos para ter um aconselhamento da irmã.

– Devo escrever ao cardeal Teodoro Valfridi Bonzo, o Prefeito da Congregação dos Religiosos. Desejo ter o teu parecer porque em ti confio cegamente!

– Graças ao céu! Era o que faltava! Nascemos na mesma casa e dos mesmos pais.

Madre Marcellina começa a caminhar, como se o movimento a ajudasse na sua confidência.

– Escuta-me bem, perguntam-me oficialmente se queremos que Madre Clélia reentre na Congregação. Escreveu uma carta ao Prefeito.

– E tu me pedes um parecer a respeito? O que queres dizer?

– Aquilo que pensas. Exatamente aquilo que pensas.

Silêncio.

As duas mulheres param e se olham por alguns instantes. Depois Irmã Irene fala com grande segurança.

– Existem mil razões pelas quais ela não deve reentrar.

– Diga-me ao menos uma.

– Cria divisões e poderia obscurecer o teu papel de superiora. Aqui, Madre deve-se ter uma só e esta és tu!

Madre Marcellina continua a caminhar sem se descompor.

– Compreendo. Mas é também verdade que ela é a Fundadora.

Poucas palavras que abrem a caixa de Pandora.

– Fundadora? Fundadora de problemas queres dizer! Quem os resolveu todos? Tu, somente e sempre tu! E então deverias ter sido a primeira a dizer não!

O tom de Irmã Irene se inflama e abala a irmã que responde quase sussurrando.

– Está bem! Está bem! Escreverei também em nome do Conselho que a maioria das Irmãs não gosta da sua presença.

Formalmente, Madre Marcellina decide conforme o pensamento da irmã. As dúvidas foram resolvidas.

Para Irmã Irene não existem tons de cinza nestas questões. Ou é branco ou é preto. No fundo, a Madre Geral queria que alguém a orientasse neste sentido, e a irmã soprou forte sobre as velas para fazer a sua barca andar naquela direção.

Uma apresentação cênica já escrita, sem muitas improvisações. Permanece uma dúvida no coração de Madre Marcellina: é justo não querer de volta a pessoa que orientou a sua vida neste convento? Não, não é justo. E ela o sabe. Mas, na vida, às vezes nos sentimos fechados, prisioneiros em um assunto que não permite incertezas. A autoridade prevalece sobre cada coisa, torna-se fim e não instrumento.

Torna-se objetivo e não meio.

Torna-se razão de vida e não de serviço.

Torna-se emoção de poder e não desejo de bem.

Madre Marcellina está imersa no seu papel com tal profundidade que corre o risco de se afogar nas consequências. De qualquer forma, Irmã Irene lhe dá segurança. E prossegue com as últimas novidades.

– Sabes que ultimamente se consulta com um frade capuchinho muito particular, ele diz ter os estigmas.

– Ah, sim! Ouvi falar deste... padre Pio, me parece que se chama. *Mamma mia*, é preciso mesmo estarmos atentas! Há tantas pessoas ingênuas por aí!

– Aqui está outro motivo para mantê-la longe! O que me dizes? Te convenci ou não?

– Sim, sim. Tu me convenceste.

Madre Marcellina saúda a sua irmã e vai embora. Está feliz com o resultado? Não. Mas é tudo inevitável! A sua mente corre às tantas emergências que precisa resolver. E ainda por cima há problemas que chegam do Brasil e dos Estados Unidos. Não há tempo para ficar pensando. Precisa trabalhar!

Caminha com a cabeça baixa, sem conceder-se o luxo de meditar alternativas ou reflexões profundas. Não é permitido fazer-se perguntas inúteis porque não trazem resultados. É preciso correr, organizar, estabelecer e decidir. Tudo em alta velocidade. E se alguém quer dar-te uma mão, deve dar-te as respostas certas, como pode fazer uma irmã fiel.

Dar as respostas que você quer.

CAPÍTULO 34

As crianças de Roccagiovine

— Mas onde estamos indo, Madre?
— Não sei, você acha que eu já estive em Roccagiovine?
— Não estou dizendo isso, mas Padre Giuseppe podia ter nos explicado melhor.
— E por quê? Deves confiar mais, cara Irmã Redenta. Eu sempre te digo isso.
— Talvez, mas aqui estamos ultrapassando os confins do mundo!

É o dia quatro de outubro de 1921. Duas carroças puxadas por cavalos sobem uma trilha que corta uma floresta muito densa. Em uma das carroças, Madre Clélia sorri diante do olhar interrogativo de Irmã Redenta.

— Onde estamos indo?
— Fica tranquila, confia no Padre Giuseppe.

Roccagiovine parece não chegar nunca. As cores do outono se apagam nesta densa floresta, sempre mais escura à medida que o pôr do sol se aproxima.

Inicia-se assim uma nova aventura que não se apresenta do melhor modo. O lugar parece impenetrável, no alto de um morro. Madre Clélia está cansada e as suas condições de saúde despertam preocupação. As enxaquecas, em particular, são muito fortes, e condicionam os seus dias. Ninguém ousará prever que isso possa representar o início de uma surpreendente primavera.

Padre Giuseppe preparou bem o terreno e todo o povoado as está esperando. As cinco coirmãs são acolhidas como nunca poderiam imaginar. Madre Clélia, Ir. Redenta, Ir. Imelda, Ir. Eustella e Ir. Amélia se integram perfeitamente com as mulheres, as crianças, os jovens e os anciãos do povoado, adotando-as com tanto amor que as tornam verdadeiros pontos de referência para a vida cotidiana.

A paróquia renasce com os cantos ensinados por Madre Clélia. As crianças a seguem cegamente em todas as suas atividades: o catecismo e também e também os jogos; para as meninas, os laboratórios onde aprendem a costurar junto com as mães. Os idosos têm um novo apoio e, ao redor da paróquia que fica no ponto mais alto do povoado, há sempre movimento e grande animação para preparar iniciativas e celebrações envolventes e participativas. Três anos de muito trabalho.

Para Madre Clélia correspondem a três anos de enfraquecimento físico. Um sofrimento que procura conter, movida pelo entusiasmo da sua gente que não deixa nunca faltar grande afeto. Apesar das dificuldades, gosta de atravessar os estreitos caminhos do povoado que são íngremes, mas isso não importa! Ela se agarra ao braço de Irmã Redenta e sorri às pessoas que encontra, perguntando, conversando, contando piadas e também dando algumas gostosas risadas.

Irmã Redenta é muito atenta para perceber o seu cansaço, procura antecipar-se calculando os tempos desses passeios. Com modos gentis faz a Madre e as pessoas que as escutam compreenderem que acabou o tempo da recreação e que precisa ir repousar.

– Madre, tu não podes cansar-te. Lembra-te que te disseram para repousar.

– Se fico na cama fico ainda pior. Ainda mais agora...

– Não, não! O que dizes? Tu deves melhorar, estás só um pouco cansada!

– Irmã Redenta, olha-me bem nos olhos! Por que dizes isso? Sabes também tu que não vou sarar. Mas não importa! Para mim basta ver estas crianças e já me sinto melhor.

A visão dos pequenos que jogam e fazem uma roda junto às suas coirmãs é imagem que a alegra demais. Não esqueceu todos os sofrimentos, mas, tendo perdoado sempre, a memória nunca se transformou em rancor. Amou sem colocar condições. A visão destes jovenzinhos que jogam é a esperança de um mundo novo. Parece inacreditável que precisasse chegar até Roccagiovine para experimentar esta beatitude. Talvez aqui se encurte a distância entre a terra e o céu. As pessoas parecem viver numa dimensão mais simples, essencial. Aqui falta quase tudo e por isso tem-se tudo! Uma das poucas certezas que aprendeu nestes últimos anos.

Irmã Redenta tem dificuldade de afastá-la das crianças. Madre Clélia compreendeu o ensinamento de Jesus, e a proximidade com os menores a faz sentir-se mais próxima do paraíso.

– Madre, Padre Giuseppe a espera na igreja. Sente ainda que consegue ir? Se não, deixamos para amanhã.

– Não, não! Vamos, não te preocupes!

Quando o Padre Di Gennaro chama, Madre Clélia está sempre pronta. E, dando o braço à Irmã Redenta, dirige-se à paróquia. A dor na cabeça e nas pernas não lhe dá tréguas, mas não se queixa. Quando entra na igreja, ajoelha com dificuldade, mas a sua vontade é mais forte que tudo.

Irmã Redenta acompanha com paciência cada um dos seus gestos com uma única preocupação: a sua saúde. Pe. Giuseppe está na sacristia procurando organizar os paramentos para as celebrações eucarísticas. Conhece bem as precárias condições de Madre Clélia e por isso tinha já planejado passar para visitá-la no fim do dia. Vê-la, consequentemente, é uma feliz surpresa.

— Oh! Boa tarde, Madre! Obrigado por ter vindo assim rápido, um bom sinal! Quer dizer que não está tão ruim.

— Procuro fazer o possível.

O sacerdote não quer cansá-la e nem perder tempo com conversa casual. Não vê a hora de comunicar uma notícia muito importante e teme que possa trazer alguma preocupação.

— Escutai, devo dizer-vos uma novidade e não quero medir palavras. Não pensem que é uma má notícia.

— O que aconteceu?

— Bem, o fato é que devemos transferir-nos daqui! Fui chamado para outro lugar.

Madre Clélia olha para Irmã Redenta como quem espera não ter compreendido bem. Esta última tem uma reação instintiva.

— Como é possível? Aqui estamos tão bem, as pessoas nos acolheram, temos tantos projetos!

— Eu sei, eu sei muito bem e imaginava a vossa reação. Vós deveis seguir-me e ir comigo. Não podeis ficar aqui sozinhas! Vós confiais em mim? E depois, não iremos muito longe.

A Madre silencia.

Estranho o percurso da sua vida. Uma linha nunca reta, cheia de solavancos na subida e na descida. Ela está cansada, doente, mas no seu coração aceita mais uma vez.

Não pergunta o porquê. Confia-se ainda ao sacerdote que guiou nestes últimos anos. Ela não hesita. Já está com as malas prontas. Padre Giuseppe o sabe. Assim como conhece o caráter polêmico de Irmã Redenta, a campeã das causas impossíveis. E então não lhe resta senão procurar encontrar um bom modo para ironizar.

— Adivinhais como se chama o local?

AS CRIANÇAS DE ROCCAGIOVINE

– Basta que não se chame Roma – ataca Irmã Redenta no seu costumeiro estilo. – Para o senhor se diz *Roma,* mas se lê *retorno* à Congregação. Uma proposta inadmissível.

– É um pouco menor que Roma, a cidade chama-se...

– E como se chama? Por que todo este mistério?

– Marcellina! – Anuncia Padre Giuseppe soletrando as palavras.

Irmã Redenta empalidece.

– Mas é uma brincadeira?

– Nada! De forma alguma! Às vezes a realidade supera a fantasia. É preciso anotar isso. Entre as milhares de paróquias presentes na Itália, o nosso padre Di Gennaro é chamado a transferir-se para uma cidade que se chama Marcellina! Estranha homonímia que não deixa de suscitar um sorriso de espanto. Irmã Redenta, todavia, quer estabelecer as suas regras.

– Esperamos que não seja uma armadilha! Eu posso ir a Marcellina, admito que exista uma cidade com este nome, mas certamente não a Madre Marcellina!

– Existe! Ficai tranquilas. Existe uma cidade que se chama mesmo Marcellina, e vós vos sentireis bem também lá. Sinto pelas pessoas que aqui vos querem bem e por tudo o que vós construístes. Mas nada é em vão e vos posso garantir que os vossos ensinamentos ficarão no coração das pessoas e darão os seus frutos!

As palavras do padre Di Gennaro são sinceras e têm o valor de um reconhecimento por todo o trabalho desenvolvido no triênio de permanência em Roccagiovine.

– É verdade! Nós os queremos bem e sentimos tanto este calor que nos conforta, mas queremos ser obedientes e segui-lo com grande confiança, estimado Padre Giuseppe. Para nós, as suas indicações são a vontade de Deus.

– Obrigado, Madre! Portanto, não podemos esquecer que fica sempre aberto à reflexão o vosso futuro retorno à Congregação.

Irmã Redenta não quer ouvir este ulterior apelo.

– Isto nunca! Eu já refleti o suficiente!

– Veremos... – acrescenta Madre Clélia.

– Eu não voltarei atrás nunca mais ou me sentirei derrotada. Assunto encerrado!

– Ao contrário, é preciso saber perder e perdoar! – Recomenda a Fundadora, voltando aos conceitos que lhe são muito queridos. Ainda uma vez deseja ensinar à coirmã o sentido de um "sim", de um acolhimento que não consegue ver inimigos, mas só irmãos em Cristo.

Padre Giuseppe acolheu esta visão e está convencido de que seja a única estrada iluminante para percorrer.

– A Madre é sempre muito sábia. Devemos aprender todos dela!

– Sinto muito! Então, eu vos digo que não sou uma boa aluna.

Irmã Redenta repensa que não é o momento para insistir, tanto que Madre Clélia encontra o modo de sair deste impasse cego.

– Façamos assim: ao invés de prosseguir com este discurso que não nos leva a lugar algum, voltemos às nossas crianças. Elas podem nos ensinar muito.

O segredo está todo aqui:

Voltar a ser criança com as crianças!

CAPÍTULO 35

De volta para casa

Uma das emoções mais belas que um ser humano pode viver. Voltar para casa.

Para um pai, à noite, cansado do trabalho.

Para um soldado marcado pela guerra.

Para um doente depois de um longo internamento hospitalar.

Para uma criança, concluídas as horas na escola.

Para um detento, cumprida a pena.

Para um marinheiro depois de meses no mar.

Apenas a ideia de retornar já enche o coração de paz, de bem-estar e de amor.

É dia 7 de março de 1928.

Passaram quase doze anos do dia em que Madre Clélia deixou o convento. Aquele que ela iniciou, aquele que cresceu com tanta dificuldade, tanto sacrifício e confiança na Providência.

Padre Pio tinha razão! Aquele dia devia mesmo chegar. Agora está sentada na sua sala que se abre sobre a praça de Marcellina. Quase nunca desce para a cidade por causa das condições de saúde que a obrigam a ficar muitas horas na cama.

Mas não importa!

Ela nunca ficou sozinha e sempre participou, com o coração, das atividades das coirmãs na nova paróquia, sempre dirigida por Padre Giuseppe Di Gennaro. Hoje, Irmã Redenta quis vesti-la com o hábito mais novo e está ao seu lado para controlar tudo o que deve levar consigo. Move-se rápida como sempre, procurando evitar o olhar da Madre que a chama pela última vez.

– Irmã Redenta, venha um momento aqui.

– O que foi Madre?

– Senta-te um instante. Estás mesmo segura?

– Não me ponha em dificuldade... Sabe que lhe quero bem, mas não posso fazer isso, aborrece-me muito, a senhora bem sabe.

– Também a mim. Sinto muito...

– Compreendo! Peço desculpas por todas as vezes que eu disse que com a senhora teria ido até o fim do mundo, mas não é verdade! Eu teria seguido a senhora para onde fosse, mas não posso retornar a ver aqueles muros, aquelas pessoas... Fazem-me pensar em tanto sofrimento! E, também, eu não sou santa como a senhora. Eu sei!

– Pensa mais um pouco.

– Não, me desculpe. Conheço-me muito bem e não posso voltar atrás. Tenho o coração em pedaços, mas sinto que não conseguirei viver. Poderei até tornar-me um problema para a senhora, na verdade.

Madre Clélia pega sua mão e a aperta contra si, em um abraço que vale mais que palavras. Irmã Redenta desata num choro libertador.

– Não, realmente não posso... Vou sentir muita falta...

– Dize-me ao menos que no teu coração perdoaste. Peço ao menos isto.

– Sim, Madre! Perdoei.

– Também Madre Marcellina?

– Também Madre Marcellina.

– Eu te abençoo com Cem Corações!

– Agora devo ir. Não quero ser encontrada aqui quando chegarem para buscá-la.

DE VOLTA PARA CASA

Irmã Redenta sai rapidamente da sala em grande sofrimento, consciente de que dificilmente tornará a ver a Madre por quem se sacrificou e que defendeu e protegeu sem nunca se poupar. Madre Clélia, por sua vez, conseguiu que ela falasse aquela palavra "perdoei". Bastou escutar o doce som dessa palavra para encontrar paz, rezando para que seja uma verdadeira reconciliação com o passado. Isso é o que conta mais.

Madre Marcellina, por sua vez, compreendeu a importância do retorno da Fundadora para a história da Congregação. Os anos passam velozes e as condições de saúde de Madre Clélia pioram progressivamente. Não se pode correr o risco de que sua morte aconteça fora dos muros do convento. As autoridades eclesiásticas não verão com bons olhos este desenlace. Consequentemente, é necessário mover-se, e atender aos desejos da Fundadora. Madre Clélia deve retornar!

Mas este é o único motivo?

Ninguém pode ler no coração da Madre Geral. Seguramente, esta é uma ferida aberta também no plano pessoal e, portanto, é possível que, em sua consciência, sinta-se mais tranquila para acolher novamente a mulher que deu origem aos inícios desta família religiosa.

Uma coisa é certa: em um dia quente e ensolarado, às portas de uma nova primavera, um automóvel Balilla para na frente de uma casa. Junto com o motorista descem duas Irmãs que foram acolhidas por Padre Di Gennaro, que as está esperando. Pouco depois, sobe naquela máquina também Madre Clélia. O destino é Roma, Via Germano Sommeiller.

Uma viagem tranquila. Dentro do carro as palavras são poucas. Ninguém tem vontade de falar por razões diversas. Madre Clélia olha tudo o que acontece fora da janelinha e a sua mente corre aos muitos lugares pelos quais passou no decurso dos anos.

197

Com o coração, gostaria de retornar a Viareggio, aos tempos em que tinha tantos problemas para afrontar, mas não faltavam energias para superá-los. Agora as forças diminuíram e precisa confiar sem colocar-se muitas e inúteis perguntas. Quando a Balilla entra no grande pátio do convento, ninguém mais a está esperando, exceto duas irmãs, em pé, imóveis como duas estátuas.

À secretária geral cabem as primeiras palavras oficiais.
– Finalmente te trouxemos para casa!
– Obrigada, de coração!
– A família se recompôs.

A frase de Madre Marcellina marca o fim de uma ruptura. Inútil defini-lo de outros modos. O fato de a Fundadora sair da sua congregação parece, por si só, uma contradição impensável. Mas que aconteceu!

Doze longos anos que Madre Clélia viveu intensamente, procurando deixar-se surpreender dia após dia.

E agora?

Olha ao redor de si e vê uma bela estrutura, com grandes colunas, imponentes e altíssimas, que a deixa até um pouco admirada. Mas ela está aqui para dizer o *fiat*. Para abaixar a cabeça mais uma vez e começar tudo de novo, em sua Casa.

Tudo está lá, exceto a sua coirmã que a acompanhou por tantos anos.

– Sinto muito por irmã Redenta! – Disse balançando a cabeça, em voz baixa.

Madre Marcellina abre os braços num gesto de impotência. Não pode dizer que isto lhe provoque tanto desprazer, e a Fundadora infelizmente o sabe.

Agora é tempo para colocar-se totalmente à disposição, como uma postulante.

– Diga-me o que devo fazer.

DE VOLTA PARA CASA

Madre Marcellina responde como dona da Casa.
– Antes de tudo, quer um café?
– Obrigada! Mas não daquele bom, o de cevada.
– Então preparemos um bom café de cevada! Agora, porém, deves repousar.
– Como a senhora quiser.
Madre Clélia se deixa conduzir. Não tem exigências, não tem condições, não tem incertezas; é sustentada e acompanhada na escada para alcançar o seu quarto. Enquanto isso, as duas irmãs que atendiam no pátio à chegada do automóvel, providenciam o fechamento da porta de entrada após a passagem da Fundadora.
– *Extra omnes!* – Fora todos! – Diz o cerimoniário ao fechar a porta, após o ingresso dos cardeais que entram na Capela Sistina para eleger o novo papa no conclave. Na realidade, aqui não se elege ninguém. Aquele portão fechado marca o início de uma inexplicável reclusão. Nenhum de nós pode dizer o que está, de verdade, no coração de Madre Clélia, de Madre Marcellina e das outras presentes neste momento. O que sabemos é que Madre Clélia está serena.
Com dificuldade, sobe degrau por degrau, a longa escada do convento em Roma.
E no seu coração repete uma única coisa: "Voltei para casa!".

CAPÍTULO 36

Finalmente tudo se esclarece!

—Madre Clélia! Madre Clélia! Trouxe o almoço para a senhora!

A voz de Irmã Ana interrompe o sonho de uma vida. Deitada na cama e embalada pelas lembranças, a Fundadora tem dificuldade de encontrar o tempo presente.

– Muito obrigada! Estava dormindo e sonhando tantas coisas...

– A senhora sempre foi uma grande sonhadora, Madre. Como está?

– Estou bem, bem. Obrigada, Irmã Ana.

– Olhe que chegou o grande dia. Daqui a pouco virão Padre Giorgio e Madre Marcellina.

– Verdade! Que emoção! Hoje volto a ser Apóstola!

– Madre, não há mais ninguém que nos chama assim.

– E tu, no entanto, lembra-te que és uma Apóstola!

Irmã Ana sorri, enquanto prepara cada coisa sobre a mesinha do quarto para que Madre Clélia possa almoçar. Enquanto isso, ela se põe a sentar sobre a cama e recupera os muitos pensamentos que ocupam sua mente.

Agora lembra bem tudo quanto aconteceu: a pequena fuga, o piano encontrado, Madre Marcellina que a vai buscar, e depois a leva ao quarto e depois... Deitada na cama... Um carrossel velocíssimo de imagens em que se perdeu, até à lembrança do seu retorno à Casa, em Roma, naquela grande estrutura, ainda que o seu seja um pequeno mundo feito de quatro paredes e uma galeria com vistas sobre a capela do convento.

Hoje, após o almoço, acontecerá alguma coisa de especial. Deve renovar os votos de pobreza, castidade e obediência nas mãos de Madre Marcellina. Como uma jovem, como se estivesse nos inícios de sua vocação. Olha para o prato, mas não tem muita vontade de comer. Deseja recolher-se em oração e meditação. A vida é surpreendente!

Parecia tudo acabado, longe de sua família religiosa, mas tudo recomeça!

É preciso sempre deixar-se surpreender e confiar cada coisa a quem guia os passos de cada dia.

Enquanto isso, Madre Marcellina entra sem pedir permissão.

– Madre Clélia, estás pronta?

– Quase...

– Como quase? Mas ainda não comeste nada!

– Não tenho fome...

– Não, não, não! Isso não é bom!

– Fique tranquila. Hoje de manhã o piano me alimentou e estou saciada, graças à música!

– Você sempre gosta de brincar.

– Não, não brinco. Para a senhora digo sempre a verdade.

– Escuta-me bem: em breve vem Irmã Ana que te ajudará a vestir-te para os votos. Depois volto com Padre Giorgio! Logo nos veremos!

Com a mesma rapidez com que entrara, Madre Marcellina sai com o seu passo seguro. Madre Clélia está novamente só no quarto e seu olhar está fixo no quadro do Coração Imaculado de Maria que sempre traz consigo desde os tempos de Como, ainda antes de Viareggio, quando estava no Instituto de D. Guanella.

FINALMENTE TUDO SE ESCLARECE!

Frente àquela imagem tinha prometido, em um momento de grave doença que, se fosse curada, fundaria uma nova família religiosa. Agora, na distância de mais de 30 anos, sente o dever de agradecer à Mãe de Jesus por todo o seu caminho, e prometer fidelidade ao novo juramento que em breve fará, de pobreza, castidade e obediência. Eu nunca teria imaginado tal desfecho! Falta pouco para a nova mudança que ela espera ser a última.

Seguramente vive mais uma etapa de sua vida como um ato de Amor, de reconciliação e de paz para si e para todas as suas coirmãs. No coração, as suas orações são ainda acompanhadas pela melodia do piano que tocou na pequena fuga de hoje de manhã. Irmã Ana volta com os vestidos para a celebração. Tudo deve estar no seu lugar. Perfeito, como deseja a superiora.

– Estamos aqui, Madre Clélia! Padre Giorgio chega logo.

– Estou pronta!

Duas palavras em que se resume um projeto de vida. A disponibilidade desta mulher é total, apesar dos obstáculos, das dificuldades e das desilusões que poderiam ter abatido qualquer um. A ela não! Emocionada como uma noviça, não vê a hora de pronunciar a fórmula que a consagra novamente.

– Eu, Irmã Clélia Merloni, para a glória de Deus e da Bem-aventurada Virgem Maria, nas tuas mãos, reverenda Madre Geral, faço a Deus votos de castidade, pobreza e obediência, em perpétuo.

As palavras ecoam firmes e claras no quarto frente à Madre Marcellina e Padre Giorgio, as únicas duas testemunhas de um momento que marca a história do Instituto. Ela, sentada na cama, mostra uma postura com decoro e recolhimento que se percebe também no ar.

Madre Marcellina lhe coloca a touca da congregação, aquela que a Fundadora lhe tinha entregado doze anos antes em frente ao portão do convento em Alexandria. Tudo se recompõe. O sacerdote se aproxima com o crucifixo que Madre Clélia beija, antes de colocá-lo, como fazem todas as suas coirmãs.

– Em nome do Pai, do Filho e do Espírito Santo.

Uma bênção marca o fim da breve e íntima celebração. Padre Giorgio a saúda e sai do quarto enquanto Madre Marcellina se senta sobre a cama ao lado de Madre Clélia.

– Agora és uma Missionária Zeladora como nós.

– Uma Apóstola como vocês. – Responde a Fundadora com um fio de voz e, com a mão, aperta forte o crucifixo ao peito. Não recua também na fragilidade da sua condição física. Aquela palavra "Apóstola" é um sinal distintivo ao qual não pode renunciar. Madre Marcellina não se surpreende pelo esclarecimento.

– Olha que tu acabaste de fazer voto de obediência à superiora geral. Deves obedecer, por exemplo, não desaparecendo do quarto para ir tocar piano.

Madre Clélia sorri e prossegue na linha da sinceridade.

– Isto eu não posso prometer, sinto muito! A música é liberdade!

Desde menina, traduzir as notas musicais em melodia no teclado do piano representa para ela um voo maravilhoso, sem fronteiras nem horizontes. E sobre essas asas sempre se moveu, enfrentando ventos, intempéries, furacões. Nada a paralisou porque no coração sempre guardou a consciência de estar na direção certa.

– Sabe que eu sempre apreciei a tua sinceridade, também quando machucas e, se não fosses tu, também não estaríamos aqui.

Uma admissão desarmante e verdadeira.

Madre Marcellina sempre soube dessa certeza e conviveu com ela, tanto que se tornou um tormento nos momentos mais obscuros. Madre Clélia se consome. Os seus olhos se enchem de lágrimas, difíceis de conter. Frente a frente estão duas mulheres muito diferentes e com visões diferentes. É o instante da confidência em que se diz tudo. Verdadeiramente tudo.

– Te agradeço. Sei que estou numa gaiola dourada: proibido sair, proibido virem visitar-me, proibido tocar piano, proibido descer à Capela para rezar com vocês, tudo proibido!

Madre Marcellina escuta imóvel, estática, parece segurar a respiração. Escuta palavras que cavam um sulco profundo.

– Mas tu não estás bem.

– Por favor, por favor, digamos a Verdade! Estamos só você e eu.

O diálogo continua. Torna-se ainda mais íntimo, envolto em uma espécie de bolha suspensa. Não tem mais nada ao redor. Somente duas pessoas que se olham com os olhos cheios de suas experiências, das convicções e de um caminho comum frequentemente difícil reconhecer.

– Às vezes a verdade é um peso.

Madre Marcellina expressa todo o esforço que exige o seu papel. As responsabilidades, os problemas, a estrutura para manter, ampliar, cuidar, com frequência não lhe deixaram tempo para buscar a verdade. Oprimida pelos deveres, não permitiu a ninguém entrar em sua alma. Agora aconteceu e não pode escapar. Ela nem mesmo o quer, deve e, no seu coração, deseja escutar a Fundadora.

– Mas nós vivemos pela Verdade, é a Verdade que nos salva, a Verdade é Amor. A Verdade é perdão, a Verdade é Cristo e a Verdade surpreende! Quem teria dito que a tua sobrinha Clélia quer tornar-se religiosa?

Madre Clélia se ilumina ao dar a notícia à coirmã. Aquela gravidez que a fez tanto sofrer, aquela menina que criou escândalo e que quis sempre esconder, agora é uma promessa de vida consagrada.

Madre Marcellina relembra o dia em que levou à força Maria Bambina até a Fundadora. Parecem ter passado poucos minutos.

– Gostaria de ter a tua coragem, mas eu não sou como tu. A vida é complicada, e eu tenho muitas responsabilidades.

Madre Clélia escuta e pensa o quanto é difícil encarnar esta palavra.

– Mas o que é a responsabilidade? Compromissos? Se penso em Padre Leoni, que me roubou tudo, eu o perdoei! Padre Gelmini, que queria estar na frente de tudo, eu o perdoei! Padre Masotti, que queria colocar-me de lado, eu o perdoei! E tantos outros... Perdoei a todos e te perdoo também!

Madre Marcellina abaixa os olhos em um ímpeto de raiva. Sentiu-se atingida profundamente. Uma ferida aberta que dói.

Madre Clélia, porém, não tem intenção de ofendê-la, ao contrário, quer expressar-lhe o seu verdadeiro afeto. Até o fim!

– Não! Não se ressinta! O poder agrada a todos ou a quase todos. O poder não é por si só uma palavra feia, pode também ser escuta, serviço e pode ser também Verdade! O poder te tira o sono!

Madre Marcellina está ainda ressentida com a coirmã. Gostaria, na verdade, de interromper o diálogo e sair dali. O olhar de Madre Clélia a bloqueia, sentada sobre aquela cama, não para acusar nem reprovar, mas para expressar-lhe todo o seu afeto materno. E é desse modo que lhe restaura a serenidade.

– Escuta-me, te recordas de quando te encontrei pela primeira vez em Monza?

Uma pergunta sensibiliza a alma de madre Marcellina. Não pode esquecer. O encontro em sua casa, as primeiras palavras daquela mulher que nunca tinha visto e que parecia conhecê-la há muito tempo. Um momento que lhe transformou a vida.

– Me olhaste e estou ainda aqui!

FINALMENTE TUDO SE ESCLARECE!

Quando encontrou aquele olhar disse o seu "sim" e colocou à prova toda a sua vida por um Bem maior. Mas a vocação é um desafio contínuo, cotidiano, para ser vivida cada dia. Não basta a escolha de um início, é preciso ter a coragem de renová-la a cada instante e para sempre.

– Vê, querida Madre Marcellina, naquele dia viste a realidade clara porque a Verdade é sempre clara. É só questão de lentes. Eu agora não posso dar-te os meus óculos, tu deves encontrar aqueles que são próprios para ti.

O som de uma campainha interrompe o clima de silêncio que envolve o diálogo.

– Está iniciando a celebração.

– E então te peço que me ajude. Tenho cada vez mais dificuldade!

Madre Marcellina se apressa a apoiar a coirmã, que mostra claros sinais de uma grave enfermidade. As duas mulheres se encaminham à pequena sacada que permite à Fundadora acompanhar, do alto, as funções que se desenrolam na grande capela do convento. Dá-se conta logo, que a sua visão está ofuscada.

– Desculpa... os meus óculos... Esqueci-os sobre a cama.

Depois de um tempo, Madre Clélia, através das suas lentes, coloca a realidade em foco.

– O que farei sem os meus óculos? Agora está tudo claro. Tudo claro, finalmente!

Vê nitidamente os bancos, as suas coirmãs, o sacerdote Padre Giorgio e os fiéis que enchem a Igreja. Uma visão que vai além do espaço e do tempo. Um olhar de amor que atravessa os séculos e abraça a humanidade inteira.

A realidade que está à sua frente é aquela de hoje, porque a Verdade supera as barreiras que contêm os nossos horizontes.

Agora vê tudo, também a nós, hoje, neste momento histórico, porque a sua Coragem, a sua Fé, o seu Perdão atravessam a história.

Ao seu lado, Madre Marcellina a olha e sorri, procurando compreender esta busca contínua por desafiar o tempo que envolve toda mulher e todo homem. Um caminho complexo do qual as quedas fazem parte.

Como Madre Marcellina, muitas vezes somos atraídos pelas nossas ambições e pelo fascínio em ralação à carreira e ao poder. Madre Marcellina somos nós. Porque nós vivemos as suas dificuldades, os seus limites, as suas fraquezas que fecham o nosso horizonte. Não podemos deixar-nos esmagar pelos problemas e responsabilidades, temos de voar alto, deixando-nos inspirar por testemunhas que vivem uma Graça especial que continua a nos falar.

Devemos ser capazes de subir àquela sacada ao lado de Madre Clélia, de lhe sorrir e de receber o seu sorriso, de compreender e de ver, finalmente, a realidade com clareza.

Com os nossos óculos,
com os nossos limites,
com o Amor que nos ajuda a Perdoar.
Com o Perdão que nos ajuda a Amar.

CRONOLOGIA

Beata Clélia Merloni (1861-1930)

1861 - *10 de março*	Nasce em Forli, na rua Carlo Matteucci, 18. É batizada na catedral.
1864 - *2 de julho*	Morre a mãe.
1866 - *9 de julho*	O pai se casa pela segunda vez.
1872 - *23 de junho*	Recebe o Sacramento da Confirmação na Basílica de São Siro, em Sanremo.
1876 - *11 de outubro*	Entra como educanda no Instituto das Filhas de Nossa Senhora da Purificação de Maria Santíssima, em Savona.
1883 - *3 de setembro*	Morre a madrinha.
1884 - *7 de setembro*	Recebe a vestição na Congregação das Filhas de Nossa Senhora das Neves e recebe o nome de Ir. Albina.

1887 - fevereiro	Depois do terremoto em Savona, retorna para sua casa por motivos de saúde.
1888 - agosto	Abre em Nervi (Genova) um orfanato para crianças pobres.
1889	É obrigada a fechar o orfanato.
1892 - 14 de agosto	Entra na Congregação das Filhas de Santa Maria da Providência, em Como. Acolhida por Dom Luigi Guanella.
1893	Adoece gravemente com tuberculose.
1894	Curada milagrosamente, revela a inspiração de fundar um Instituto dedicado ao Sagrado Coração de Jesus.
4 de março	Deixa a Congregação de Dom Guanella.
14 de abril	Com Elisa Pederzini e Giuseppina D'Ingenheim, parte para Viareggio.

30 de maio	Na igreja de São Francisco de Assis, em Viareggio, inicia a sua Obra.
1895 - 27 de junho	Morre o seu pai.
1898	Desastre financeiro do Instituto.
1899	Encontra Dom Giovanni Battista Scalabrini, bispo de Piacenza.
1900 - 12 de junho	Junto com 11 irmãs, fiéis a ela, recebe a Vestição Religiosa em Castelnuovo Fogliani. Nove delas emitem a Profissão nas mãos de Dom Scalabrini. Em Piacenza, é estabelecida a sede da Congregação das Apóstolas do Sagrado Coração de Jesus. As primeiras irmãs partem para o Brasil para dar assistência aos emigrantes italianos em São Paulo e Santa Felicidade.

1902	Chegada das Irmãs em Boston, nos Estados Unidos da América.
1903	Sofre calúnias que atentam contra sua autoridade e estima. A Congregação está constituída por 30 casas e 196 Irmãs.
1904 - 28 de fevereiro	Por ordem de Dom Scalabrini, a Madre, com algumas irmãs, é transferida para Alexandria. A Congregação é confiada à Irmã Marcellina Viganò como superiora geral.
1905 - 1º de junho	Morre o bispo Dom Scalabrini. A casa generalícia é transferida de Piacenza para Alexandria.
1909	Primeira visita apostólica.
1910	Segunda visita apostólica.
1911	Terceira visita apostólica.

BEATA CLÉLIA MERLONI (1861-1930)

1912	As Zeladoras do Sagrado Coração de Jesus (novo nome da Congregação) modificam as Constituições e a sede é transferida para Roma.
1916 - 10 de abril	Pede a dispensa dos votos religiosos.
2 de junho	Obtém a dispensa.
24 de junho	Deixa a Congregação e se retira para Gênova.
1917	Transfere-se para Turim.
1921	Parte com as suas companheiras para Roccagiovine, convidada por Padre Giuseppe Di Gennaro.
1924 - 15 de junho	Transfere-se para Marcellina, junto com Padre Giuseppe Di Gennaro.
1928 - 20 de fevereiro	Escreve à superiora geral Madre Marcellina Viganò pedindo para reentrar na Congregação.

7 de março	Reentra na Congregação e reside na casa generalícia, em Roma.
1930 - *21 de novembro*	Morre na casa generalícia e é sepultada no cemitério de Verano, em Roma.
1945 - *17 de maio*	Reexumação do corpo.
20 de maio	O corpo é trasladado para a capela da casa generalícia.
1968 - *2 de fevereiro*	A Congregação volta ao nome original de Apóstolas do Sagrado Coração de Jesus.
1990 - *18 de junho*	Abertura do processo da Causa de Canonização, na diocese de Roma.
1998 - *1º de abril*	Fechamento do processo diocesano romano.
2016 - *21 de dezembro*	Papa Francisco a declara venerável.
2018 - *3 de novembro*	Madre Clélia Merloni é proclamada Bem-aventurada, em Roma, na Basílica de San Giovanni in Laterano.

Edições Loyola

editoração impressão acabamento
Rua 1822 n° 341 – Ipiranga
04216-000 São Paulo, SP
T 55 11 3385 8500/8501, 2063 4275
www.loyola.com.br